日常の「イライラ」や「もやもや」を鎮めてくれる

しんどい心の処方箋

小池陽人
須磨寺副住職

柏書房

はじめに

今から約二千五百年前に、お釈迦様が開かれた仏教には、「智慧《ちえ》」という教えがあります。

智慧とは、「物事の真理を知り（明らかに見て）、心の迷いを打ち破る（自分自身を磨く）」ということを説いたものです。仏教にとって一番大切なことは、この智慧を獲得することだとわたしは思っています。

悪いことをやめ、善いことを重ねる中で、自分自身が磨かれ、心の迷いを打ち消す考え方が備わるという教えです。

＊＊＊

生きていれば、「楽しいこと」「うれしいこと」とともに、「苦しいこと」「悲しいこと」も必ずあります。不安や悩みを抱えずに生きている人はいません。

現代は文明の利器の発達により、日々スピード感がアップするばかりでなく、飛び交う情報も増加。あまりの速さや多さに心がついていけず、不安や悩みも増加しているように思えます。そのため、「生きづらい」と感じている人も、増えているのではないでしょうか。

わたしが副住職を務める須磨寺（兵庫県神戸市）にも、「生きづらい」といった悩みを抱え、相談に来られる方が何人もおられます。

悩みを伺うと、特に四十代の方、その中でも女性の方が抱える悩みは日常生活に関するものが多く、かつ複雑です。体調不良やお金のやりくり、親の介護、子育て、仕事と家庭の両立、夫婦の問題、交友関係……。

「いつも何か心配事を抱えていて、落ち着かない」
「なんとなく、だるくてやる気が出ない」
「家族に自分のことを理解してもらえず、家に居場所がない」
「やってもやっても家事が終わらない」

「老後の資金が心配」

「最近、残業が多くて疲れ切っている」

「中学生の長男の反抗期。衝突ばかりで子育てに自信が持てない」

「……」

といったような閉塞感を、多くの方が日常的に抱いておられるようです。

＊＊＊

常に不安や悩みを抱えながら現代を生きるわたしたちにとって、「仏教の智慧を知ることは、生きるヒントとなる」とわたしは思います。

なぜなら、「仏教の智慧」が、これまであなた自身が抱えていた、物事に対する「見方」「考え方」「とらえ方」を、変えてくれるからです。

見方、考え方、とらえ方が変われば、物事に対する優先順位も変わっていきます。すると次第に、とらわれていた思いから解放され、こだわりを捨てることができるのではないでしょうか。

こだわりを捨てることができれば、たとえ辛く厳しい状況にあったとしても、惑わされずに、ずっと楽に生きていくことができます。

わたしは、少しでも多くの方に、「仏教の智慧」を知っていただき、よりよく生きるための糧にしていただきたいと思い、二〇一七年六月にインターネットの動画サイトYouTubeで「小池陽人の随想録」というチャンネルを開設しました。そして、二週間に一度、わたしの日常に起こった出来事を法話に取り入れ、動画配信しています。

「小池陽人の随想録」では、仏教にまったく馴染みのない方にも最後まで聞いていただけるように、子どもたちでも理解できるような表現や言葉を使い、時にはユーモアを交えながら「仏教の智慧」をお伝えしています。

これまで、熱心に耳を傾けてくださっている視聴者の方から、書き込みや直接わたくしのところへも、心に残るメッセージをたくさんいただきました。一部、紹介させていただきます。

YouTubeの動画を拝見させていただき、あらためて「当たり前の事」の有り難さを再認識しました。ありがとうございました。（38歳／女性）

小池さんの YouTube を、45 歳になる娘が教えてくれました。73 歳になって、仏教の教えを知り、生きることがとても楽になりました。小池さんの優しい語りはイライラしている時でも受け止め易いです。（73 歳／女性）

これまで宗教には興味がなかったのですが……。YouTubeで小池さんの法話を聞き、仏教には、わたしたちが生きる上で役に立つ教えが、たくさんあることを知りました。（40歳／男性）

後悔や反省ばかりの人生ですが、心慰められる法話です。素直に頷くことができ、たいへん心に染みました。

有り難い教えを、わたしにも分かり易く、まとめてくださり、集中して耳を傾けられました。（45歳／女性）

小池さんのYouTube法話で仏教の教えに触れるたび、人生観が少しずつ変わっていきました。困難に見舞われた時も、仏教的な視点で物事を見ると、気持ちが軽くなる気がします。二週間に一度のYouTube法話を聞き、仏教の教えをもっと知りたいです。（43歳／女性）

たまたまたどり着いた陽人さんの法話を、時間があるときに少しずつ聞かせていただいております。毎回、生きるヒントをいただき、心が洗われます。（49 歳／女性）

有り難いメッセージを、本当にどうもありがとうございます。皆さまに心から感謝するとともに、これからも精進して配信を続けて参ります。

＊＊＊

ＹｏｕＴｕｂｅを見てくださった四十代の女性の方から、こんな意見をいただいたことがあります。

「仏教にはこれまで、なんとなく『難しい』『堅苦しい』というイメージを抱いていていました。しかし、馴染みのある言葉で伝えてもらうと、普段、仏教に関わりのないわたしにも、生きるうえで役に立つ教えがたくさんあることが分りました。何度も、繰り返しＹｏｕＴｕｂｅを見るたびに、仏教が身近に感じられるようになりました」。

この方のように実際に仏教に触れるまでは、難しい、堅苦しいものと思い込んでおられる方も多いようです。

また、若い方には特に、仏教といえば「葬儀や法事の時だけ触れるもの」という認識が強く、その教えは「亡くなった方のためのもの」というイメージを持たれてしまっているようにも感じます。

さらに、宗教という面から見ると、新興宗教団体「オウム真理教」が引き起こした「地下鉄サリン事件」（一九九五年）などの一連の事件は衝撃的で、宗教に対して警戒心を持つようになってしまった人も少なくないでしょう。

仏教を学ぶ以前は、わたしもそのひとりでした。宗教というものに対して、少なからず敬遠したり、警戒心を持っていたりしたように思います。

しかし、大学卒業後に仏教の教えと出会い、深く学ぶうちに、わたしは、「仏教の教えには、困難な時代を生き抜くヒント」がたくさんあることを知りました。

そして、その教えは学べば学ぶほど、合理的であり、日常の暮らしに役立つものばかりであることが分かりました。

仏教の教えが、神（絶対者）の存在を認めないというところにも、それが現れているとわたしは思います。

なぜなら、仏教の教えは、「この世の中にはひとりとして同じ人間はおらず、皆が尊い存在であり、皆が平等でなければならない」ということを説いているからです。


本書では、ひとりでも多くの方に「仏教の智慧」を深く理解していただけるよう、YouTube「小池陽人の随想録」で配信した法話内容に編集を加え、掲載しています。また、掲載している視聴者からのメッセージや悩みに関しても、読みやすいように編集を加えています。

＊＊＊

一日の始まりに、一日の終わりに、生きづらさを感じた時に、ゆったりとした気持ちで読んでいただけたらと思います。

仏教の智慧を、繰り返し、繰り返し心に刻むことで、きっと少しずつ、閉塞感が和らいでいくはずです。

皆様にとって、仏教が人生の良き道標となり、支えとなる事をお祈りしております。本書がその一助となれば、これ以上の幸せはありません。

須磨寺副住職　小池陽人

しんどい心の処方箋　目次

第4章

「しょんぼりした時」に読みたい3つの法話

コラム

装丁　草薙伸行（Planet Plan Design Works）

本文イラスト　丸山一葉

第1章

「心が揺れてしまった時」に

読みたい3つの法話

将来への選択

隣人との比較

子育てに正解も不正解もない

将来への選択

【お悩み】

「九年のブランクを経て、フルタイムで働くことになりました。社員としてやっていけるか不安でいっぱいです」

（41歳／女性）

三年間パート勤めをしている輸入雑貨店で、誘いもあって契約社員としてフルタイムで働こうと思っています。小学三年生のひとり息子も手離れすることが増え、良い機会だと思ったのですが……。社員としての勤めは九年のブランクがあり、責任のある仕事が今の自分にできるのか、だんだん不安になってきました。決断の日が迫るにつれ、「このままパートのほうが気楽でいいんじゃないか」という気持ちが膨らんできて、「新しい環境に飛び込みたい」という気持ちとで揺れています。

迷いを抱えてしまうと、わたしの場合、常に心がざわざわとして落ち着かず、パート勤務もおろそかになることも。自分にとって良い選択をするには、どうすればよいでしょうか?

進学、就職、結婚など、人生にはいくつかの大きな岐路があります。重要な場面であればあるほど、簡単に決められるものではありません。迷う気持ち、よく分かります。

わたしも、僧侶になる道を選んだ時は、たいへん悩み、そして迷いました。【法話1】では、その時のことを少しお話しさせてください。

【陽人和尚からの一言】

「ざわついた気持ちを整理することを目的に、信頼できる人に相談してみましょう。ノートに書きだしてみるのも有効です」

進むべき道が選択できず、悩んだり、迷ったりすることの本質は、選択肢の多さではなく、選んだ道へ進んだ際の自信の有無にあるのではないでしょうか。自信があれば、選んだ道で困難に遭遇しても、乗り越えていけるからです。ただ経験が浅いうちは、自分の判断になかなか自信を持てない気がします。

そんな時はひとりで抱えこまず、親身に話しを聞いてくれる人に相談してみましょう。信頼できる家族や友人でもいいでしょう。

身近に相談相手がいない方は、YouTube「小池陽人の随想録」のチャンネルから、わたしへメッセージをくださっても構いません。

わたしの場合も、迷った時は、家族に相談します。具体的にアドバイスを求めるわけではなく、話をすることで、自分の気持ちが整理でき、悩み自体を客観視することができます。そして、今の自分に合った選択が何か、冷静に判断できる気がします。

ノートに書きだしてみるのも有効です。書き出すという行為を通して、悩みを客観視することができるからです。客観視することで、思った以上に、自分の気持ちを整理することができ、今の自分に合った選択ができるのではないでしょうか。

【法話1】

悩み、迷った末に、わたしが僧侶の道を選んだ理由

わたしは、高校までを東京で過ごし、大学四年間を奈良県立大学の地域創造学部で学びました。まちづくりについて勉強する中で、「地域コミュニティ（地域の繋がりの場）を作ること」が研究テーマでした。つまり、大学卒業まで、ほとんど仏教に触れることなく過ごしてきたのです。

大学入学当初は、卒業後の進路として、大学で学んだことを活かし、地域に根ざした企業に勤めようと考えていました。しかし、進路選択の時期が迫ったある日、母から一冊の本を手渡されました。『がんばれ仏教！　お寺ルネッサンスの時代』（NHKブックス／NHK出版）という本です。

わたしの母は、兵庫県神戸市にある須磨寺（コラム11「須磨寺1」／195ページ、コラム12「須磨寺2」／210ページ参照）の住職の娘として生まれ、小さい頃から仏教に慣れ親しんで育ってきた人でした。そして、日頃から、わたしの良き理解者でもありました。

この本には、人的基盤（繋がり）や地域拠点基盤（広がり）、文化的基盤（学び・遊び）などを意識しながら試行錯誤を続け、寺の可能性を広げることに尽力する、六名のお坊さんの活動が紹介されていました。

中でも興味深かった部分が、「死を迎えるサポート」、そして「葬式の改革」に取り組まれている神宮寺（長野県松本市）の高橋卓志さんというひとりの僧侶のくだりでした。

小さい頃から須磨寺を何度も訪れ、わたし自身、寺や僧侶というものに対して、少なからず関心はあったものの……。僧侶として、地域に根付く寺の役割を真剣に考え実践している高橋さんの姿はとても新鮮で、わたしの中で仏教への興味が一気に高まった瞬間でした。

僧侶になったら、「わたしが大学時代に学んだことが活かせるのではないか⁉」「これがわたしのやりたいことではないか！」そんな風にも思いました。

しかし、実はその当時、わたしは就職活動を終え、数社から内々定をもらっていました。その中の一社は、たいへん魅力的な企業で、高橋さんの活

【仏教の豆知識】

高橋卓志さんは、一九四八年に神宮寺(臨済宗)のひとり息子として誕生。一九九〇年より同寺の住職(二〇二〇年に引退宣言)となり、これまで「いのちの伝承」の大切さを世に問いかけ続けてこられました。また、「生老病死」のとらえ方を丁寧に説き、新たな葬儀(故人の人生を遺族から聞きとり音楽と写真を駆使して物語にまとめる)の在り方を実践されてこられた方でもあります。著書に、『さよなら、仏教』(亜紀書房)など多数。

動について知るまでは、この企業で働こうと思っていました。

わたしは、たいへん悩みました。どちらの道を選択するのか？　内々定をもらった企業を選ぶのか、僧侶の道を選ぶのか？　悩んでも、悩んでも、選びきれません。

客観的に物事が見られない時わたしは、小さい頃から両親に相談するようにしていました。この時も、わたしは両親に話すことで、自分の気持ちを整理し、客観的にものごとを判断するこ

【仏教の豆知識】

九世紀、仏教（密教）を日本に広めた空海、後の弘法大師様（コラム9「弘法大師様」／166ページ参照）は、官僚を目指し学問を学んでいた時に、中退するか否か迷われたといいます。大学で学ぶ理想的な政治学と、実際に行われていた政治とに、大きな乖離を感じたためです。

迷った末に、信頼できるひとりの僧侶から、仏教の素晴らしさを教わったことをきっかけに、仏門に入る決心をされたといわれています。

とができたように思います。

悩んだり、迷ったりすることの本質は、選んだ道へ進んだ際、「少しの苦労があっても、やって行けるかどうか」という自信の有無にあるのではないでしょうか。

両親に話すことで、気持ちを上手く整理することができたわたしから、迷いは消えていました。自分が進むべき道がどちらなのか、決めたのです。

そして、わたしは、僧侶になる道を選びました。

選んだ進路には、厳しい修行の日々が待ち構えていた

大学卒業と同時に、わたしは京都市の南東に位置する醍醐寺の修行道場『伝法学院』（コラム1「修行道場での生活1」／41ページ、コラム2「修行道場での生活2」／55ページ参照）に入山しました。

十年前、わたしは十三人の修行僧のひとりでした。

皆、高校や大学を卒業したばかり、十八歳から二十二、三歳の若者でした。お寺の後継者がほとんどでしたが、中には、わたしのように一般家庭で育ち（わたしの母親の実家はお寺ですが、父親は東京で公務員として働いていました）、自ら仏教の世界に飛び込んだ者もおりました。


寺の一番奥まったところにある道場の寮には、十二畳間が十室ほどあり、一室二名がここで一年間、起居をともにします。

自分の時間を自由に使えた学生時代とは真逆の生活の始まり。その日々は、戸惑いと驚きの連続でした。


入山して、まず驚いたのは、あらゆる所作を丁寧に、そして静かに行わねばならないということでした。

雪駄を下駄箱から出して床に置く時も、丁寧に扱わなければなりません。

「パタン」という音が、ほんの少ししただけで叱られます。障子や襖を閉める時も、少しの音もたててはいけません。廊下はもちろん、静かに歩かなければいけません。

　そして、極めつけは食事でした。

　食べる時も一切の音をたててはいけません。器やお箸を置く時は全神経を手に集中します。すべて食べ終わった後は、静かに器にお茶を入れ、沢庵で器についた米粒をこすり取ります。最後に食べる沢庵も、カリカリと音をたてて食べていると「うるさい！」と叱られます。

　慣れるまでは、何をしても怒鳴られ、叱られるばかり。「もう耐えられない」と泣きたくなるような日々でした。初めの一週間が、今まで感じたことのないほど長かったことを、今も鮮明に覚えています。

　しかし、数か月経つと、自分の中に変化が起きてきました。

「嫌だな」「しんどいな」「めんどくさいな」という感情が段々と無くなって

いったのです。

＊＊＊

道場での一日（コラム２「修行道場での生活２」／55ページ参照）は、毎朝四時半に起きて、滝壺で水行《すいぎょう》をすることから始まります。冷たい滝に打たれながら、般若心経などのお経を唱え続けます。

水行から戻ると仏教書を読み、続いて、朝の「勤行《ごんぎょう》」といって、仏前で読経を行います。今日という日が迎えられたことを、お釈迦様（コラム７「お釈迦様と仏教１」／１３７ページ、コラム８「お釈迦様と仏教２」／１４９ページ参照）

【仏教の豆知識】

「努力《つとめよ》や、努力《つとめよ》や」。これは、弘法大師様の師匠である恵果阿闍梨《けいかあじゃり》（七四六〜八〇五年）が、自身の最期を間近にして、弘法大師様に掛けた言葉です。「早く日本に帰り、仏教（密教）を伝えなさい。努力、努力」という意味です。

お釈迦様の最期の言葉も、「すべては移り行く。怠ることなく、努力せよ」でした。つまり、「一瞬も疎かにしてはいけない。日々、目の前のことに集中して、一瞬一瞬を精一杯生きることが大切である」ということを意味しています。

やご先祖様に感謝するのです。わたしが学んだ真言・密教（コラム４「真言密教」／89ページ参照）では、般若心経（摩訶般若波羅蜜多心経）などの経典を用います。曹洞宗や臨済宗をはじめ、多くの仏教で広く読まれ、仏教の基本ともいえる経典です。

勤行が終われば「別行《べつぎょう》」と呼ばれる一時間半の掃除をします。

その後、授業が始まるまでの短い時間で、自分の部屋の掃除や洗濯、整理整頓などをします。

【仏教の豆知識】

仏教では、修行の基本として「掃除」の重要さを説いています。

常に、塵や埃を落とし、乱れた部屋を整える。この行為は、見た目を整えることは、心つまり、内面も整えることに繋がるということを意味しています。

部屋がきれいだと作業効率が上がったという経験はありませんか。それは、見た目が心に影響を及ぼしたためです。「掃除」は、部屋を整えるだけではなく、意識して続けることで、それが平常となり、日々心乱れることなく生きていくことに繋がるのです。

＊＊＊

授業は朝九時から夕方の四時まであり、その後はお堂閉め、風呂、夕方の勤行、夕食と続きます。夕食後は、写経などをして過ごし、気が付くと就寝時間の夜九時です。

修行中は、朝起きてから夜寝るまで、休む時間など一切ありません。

そして、すべての行動を、丁寧に行うことが求められます。常に規則正しく、目の前のすべきことを実践し続けます。

この生活は、まさに「外相」のみを重視したものといえます。外相とは外見、つまり外からの見た目を言います。「嫌だな」「しんどいな」「めんどくさいな」という感情が起こる前に、あるいは起こったとしても、それを無視して行動するのです。

一年間の修行道場の生活の中で、わたし自身、目の前のすべきことを実践し続けることに精一杯で、心の内の悩みを気に留める余裕など、まったくありませんでした。

そんな日々を繰り返すうちに、あれほど長く感じた一日は、いつしかあっという間に過ぎるようになっていきました。

新しい環境では戸惑うこともあるが、そんな時こそ「目の前」に集中！

誰しも、新しい環境に飛び込んだばかりの頃は、分からないことも多く、戸惑うこともあるでしょう。

しかし、そんな時こそ、焦って動揺してしまわないためにも、目の前のことに集中するように努めることが大切です。何か特別なことをするのではなく、日常の行為で構いません。毎日やらなければならない一つひとつのことをしっかりと見つめ、それを一つひとつ丁寧にこなしていくのです。

そして、行動したら、自分を褒めるということも忘れないでください。心が荒みながら行動をしてもいいのです。行動をしたということが大切なのです。どのような気持ちだったか、それはまったく問題ではありません。

朝から晩まで目の前のことに集中し、規則正しい生活を続けて、心が邪悪になるはずがありません。

目の前のこと、今に集中している時、心の中の悩みや戸惑いは薄れているはずです。

【仏教の豆知識】

お釈迦様は、修行中の弟子たちに対して、「今、この一瞬を生きよ」という教えを残されました。

この教えは、「過去は追ってはならない。未来は待ってはならない。ただ現在の一瞬だけを強く生きねばならない」ということを意味します。

つまり、「今日すべきことは明日に延ばさず、今日確かにしていくこと（行っていくこと）こそ、良い一日を生きる道である」とおしゃっているのです。

＊＊＊

わたしが春になると、決まって思い出すふたつの句があります。

「掬水月在手《きくすいげつざいしゅ》（水《みず》を掬《きく》すれば月手《つきて》に在《あ》り）」

「弄花香満衣《ろうかこうまんい》（花《はな》を弄《ろう》すれば香衣《かおりころも》に満《み》つ）」

これは、中国は唐の時代の詩人・于良史《うりょうし》が詠んだ、「春山夜月《しゅんざんやげつ》」という詩の中の二句です。後に、禅的な解釈がなされ、禅語として紹介されることが多い句でもあります。

この句は、「手の届かない遙か遠くに感じている月も、水を掬ってみると、自分の手の中に映っている。道に咲く花の美しさに惹かれ触れていると、自分の衣に花の香りが移り、その香りを楽しむことができる。わたしたちは、望むもの（幸せ）は、遠くにあると思っているけれど、本当は身近にある。しかし、わたしたちは、それに気付かないだけなのだ」という意味です。

わたしが、このふたつの句に出会ったのは、修行道場卒業の日の前日のことでした。最後の茶道の授業で、茶道の先生から「一年間、頑張った御褒美」ということで、わたしたち修行僧に、お茶席のお接待をいただいた時のことです。

お接待いただいたお茶席の掛け軸には、「花弄《かろう》」という書が掛っていました。先生は、「花弄」という言葉は、「弄花香満衣」という句からとったものであると、その言葉について説明してくれました。

「お花見の季節にお接待で忙しくしている人がいます。その人が家に帰り、衣を直す時に、着ていた衣に花のいい香りが染み込んでいることに気が付きました。その人は、何も衣に花の香りをつけようと思って、働いていたわけではありません。一生懸命にお接待していたら、いつの間にか、衣に花の香りがついていたのです」。

さらに先生は、続けて、こうおしゃいました。

「この話は、『結果を求めず、目の前にあることに対して集中して全力を注ぐ中で、自分でも気が付かないうちに、素晴らしいものを自分の中に取り込んでいた』ということを教えてくれています。もしかしたら、君たちも、これまで一年間、毎日一生懸命修行をしてきたが、今は自分がどれだけ成長できたか、分からないかもしれません。しかし、この話にあるように、きっと、この一年間、気が付かないうちに、『素晴らしいもの』を自分の中に取り入れてきたに違いありません。そして、これからも『一日一日を懸命に生きる』という、その心を忘れないでください」。

一年間の厳しい修行の日々に重ねながら、わたしは先生からのこの言葉を噛みしめました。

うまくいかないことが続くこともあります。人生はうまくいかないことのほうが多いかもしれません。

しかし、うまくいかないからといって放り投げてしまうのではなく、結果を求めず、今自分にできることを一生懸命に実践していくことが大切なのではないでしょうか。

わたしたちは、過去に戻ることもできなければ、未来に行くこともできません。人が手にしているのは、今、この一瞬のみです。「一瞬一生」（一瞬に一生をかけること）を大切にしてみてください。

いろいろ迷いがあっても、周囲に惑わされることなく、目の前のことに全力を尽くすのです。

「ああでもない、こうでもない」と、悩みを頭の中でこねくり回すことはやめ、今自分がすべきこと、できることから取り組んでみてください。

すると、その先には、あなたがすべき次のステップが、必ず見えてきます。

そして、次のステップに進んだら、また目の前のこと、今に精一杯集中してみてください。それを誠実に繰り返すのです。

そうして積み上げた日々こそが、気が付けば、あなたの自信となり、あなた自身の拠り所となっているのではないでしょうか。

修行道場での厳しい生活を経て、わたしは今、そのように実感しています。

コラム 1【修行道場での生活1】

剃髪し、僧名と袈裟を授かり、僧侶になるための修行が始まる

わたしは、お坊さんを志すことを決めると、京都にある醍醐寺の修行道場『伝法学院』に入山しました。大学を卒業してすぐのことです。入山するとまず、悟りを求めて仏道の修行に入る儀式「得度式」に臨み、僧侶になるための決意と覚悟を問われます。式が終わると、髪の毛を剃る「剃髪《ていはつ》」が行われ、僧名（仏弟子としての名前）と袈裟を授かります。そして、厳しい戒律（修行者としての生活のあり方）を説かれ、いよいよ一年間の修行の日々が始まります。

修行は三学期に分かれています。一学期は、道場の生活に慣れることと、読経など修行の基本を学びます。二学期に入ると、加行《けぎょう》という本格的な修行に入り、一日三座（回）の修法（密教で実修される行法）を百二十日間続けます。そして三学期は、自坊に帰ってからに備え実践的なことを学びます。道場では、一切の娯楽のない中、一年間、一日も休むことなく修行を行います（「道場での一日」は55ページ参照）。

大学を卒業してすぐ、『伝法学院』に入山当初。「得度式」に臨む。

隣人との比較

【お悩み】

「転職してきたばかりのパワフルな後輩と自分を比べてしまい、このところ、落ち込んでいます」

（39歳／女性）

六歳の娘と夫、義母の四人で暮らしています。産休・育休を挟み、仕事を続けていますが、いつもバタバタ。仕事が立て込んだ時や娘の体調が優れない時は、当たり前のように義母や夫にカバーしてもらっています。これまで娘が小さいから仕方がないと、いろいろ中途半端だったり、周囲に甘えたりしていましたが、半年前に三十五歳のパワフルな女性が転職してきてから、落ち込むように。

彼女には十歳の双子の女児がいるのですが、旦那さんが単身赴任中で、家ではひとりで世話をしているそう。それなのに疲れも見せず、仕事も無駄なく的確に進めています。そんな彼女を見ていると、自分がダメ人間のように思えてしまいます。最近は、メリハリのある生活を模索していますが、空回り気味で悩んでいます。


会社や学校など、組織に属していると、成果や結果を求められることも多く、隣人と比べたり、比べられたりしてしまうものです。そんな状況で、後輩が自分より優れていると感じてしまい、落ち込んでしまうこともあるかもしれません。

わたしも高校時代の部活動で、隣人と比較し悩んだことを思い出します。【法話2】では、その時のことをお話しさせてください。

【陽人和尚からの一言】

「自分は、〝他人より劣っているから価値がない〟と考えるのではなく、〝まだ成長できる〟と考えてみましょう」

人と比べたり、比べられたりして、劣等感に駆られ落ち込んでしまった時は、自分を責めるのではなく、まずは今までを振り返り、一生懸命な自分を認めてあげましょう。

自分のペースで進めることが難しい環境の中、日々自分と向き合いながら工夫する姿勢は、なかなかできることではないように思います。その姿勢が重要です。「自分は他人より劣っているから価値がない」と考えるのではなく、「まだ成長できる」と考え、前に進んでみてください。
また、比べている相手のことを、よく見てみましょう。なんでも簡単にこなしているように見えて、実はものすごく頑張っているかもしれません。そして、相手をよく見た結果、見習えそうな部分は、素直に見習ってみるのもよいかもしれません。

それでもなお、劣等感に駆られることもあると思います。しかし、そんな時こそ、自分がやらなければいけないことに集中して、日々を過ごすように心がけてみてください。日々を積み重ねていくうちに、今まで気が付かなかった自分の強みに、気が付くことができるかもしれません。

【法話2】

拠り所を失ってしまったら……。自分だけを見つめるように意識して務める

人は誰しも、無意識のうちにまわりと比べて生きています。たくさんの人々が共存する世の中において、それは仕方がないことだと思います。

ただ、他者と比べる事柄が、自分にとって「小さなこと」であれば、あまり問題はないのですが、自分にとって「プライドの拠り所となること」であれば、話は違ってきます。

プライドの拠り所となることで、他者と比べ、自分のほうが劣っていると感じてしまった時、人は激しい劣等感に駆られてしまい、苦しみや悩みを抱えてしまいます。

たとえば、長年続けてきた勉強や仕事で「人より劣っている」と感じた時、自分の存在そのものが無意味に思えてしまうかもしれません。

＊＊＊

高校時代、サッカー部に所属していたわたしは、常にチームメイトと比べたり、比べられたりしていました。

中学までは、ドリブルが得意で自信をもっていたのですが、高校にはその技術を上回るチームメイトが何人もいたからです。

「なぜ自分は、友人のように巧みなドリブルができないのか」。他人との比較の中で、自分の特徴や強みが何なのか、見失っている時期でもありました。それまで拠り所だったものを、失ってしまったのです。

これといった特徴や強みが見つけられないまま、わたしは、一年生、二年生を過ごしました。

正直、悶々としていましたが、隣人を気にせず、目の前の練習にだけ、日々全力で取り組むことにしたのです。「自分自身だけを見つめる」ように、意識して努めたのです。

自分自身だけを見つめ続ける日々の中で、わたしの気持ちはいつしか、「自分のいたらなかった部分を良くしよう」とする方へ向かって行きました。

ある日、何気なくチームメイトの練習風景を見ていて、気が付いたことがありました。少しでも追いつこうと皆を見習う中で、「○○は隙のない守りができる」「○○はパスのタイミング

◇◇

【仏教の豆知識】

お釈迦様の教えに、「人のやったこと、やらなかったことは見るな。自分のやったこと、やらなかったことを見よ」というものがあります。

これは、「他人と自分を比較して、落ち込んだり、他人を疎ましく思ったりするのではなく、自分自身の行いを見つめ直し、見つめ続けることの方が遥かに大切である」ということを教えてくださっています。

◇◇

が的確」「〇〇はボールさばきが安定している」など、チームメイトたちそれぞれの特徴や強みを十分に理解できるようになっていたのです。
そして、それと同時に、皆を俯瞰で見られること、これがわたしの強みなのではないか、ということにも気が付きました。

三年生になり、わたしはサッカー部の部長になりました。わたしの強みを皆が分かってくれての選出でした。目の前に集中する中で、隣人との比較をやめ、自分を見つめることができた結果だと思いました。

隣人を認められるようになると、生きること自体が楽になる

隣人と自分を比較しないようにすることは、初めのうちはとても難しいかもしれません。しかし、意識して「自分自身だけを見つめること」を続けてみてください。

そんな日々を、少しずつ少しずつ積み重ねていくうちに、頭の中は自分のいたらなかった部分を良くしようとすることだけに集中していき、次第に隣人の行いが気にならなくなっていくはずです。

隣人の行いが気にならなくなり、「隣人は隣人、自分は自分」という考え方が身に付くようになってくると、少しずつですが、隣人の良いところにも目が向けられるようになっていきます。すると次第に、隣人という存在自体を、自然に認められるようになって

【仏教の豆知識】

弘法大師様は「自心の心が迷うがゆえに、六道の波鼓動し、心原を悟るがゆえに、一大の水、澄静なり」という言葉とともに、「強い自分を作る」ことの難しさ、大切さを説かれました。

これは、「自己に対するとらわれの心によって物事を判断しているがゆえに、心が揺れ動いてしまうのであって、自分を強く持ち、物事を正しく見れば、心は澄み静まるものである」という意味です。

いくのはないでしょうか。

隣人を疎ましく思うのではなく、隣人の良いところを認め隣人という存在自体を認められるようになると、今度は、生きること自体が楽になってくるはずです。

最終的に、「自分自身だけを見つめ続けること」は、「強い自分を作ること」に繋がり、さらには、「自分自身が清く正しく生きること」にも繋がっていくと、わたしは思います。

とらえ方を変えれば、劣等感とは、明日への活力になる

他人と自分を比べ、「劣等感」に駆られ、どうしようもなく落ち込んでしまっている状況にあって、お釈迦様は「慚愧《ざんぎ》」という心の在り方を示してくださっています。

「慚愧」の意味を簡単に言いますと、「良い人を敬い、至らぬ自分を反省する」ということです。つまり、「日々自分を反省し、至らぬ自分を受け入れ、前へ一歩ずつ進んでいる実感を、生きる拠り所にしていくことが大切である」という意味です。

「自分は他人より劣っているから価値がない」と考えるのではなく、「劣っていることに気付けたのだから、傲慢にならなくてすむ」「傲慢にならなくてすんだのだから、これからまだまだ成長することできる」と考えるのです。

「劣等感」と聞くと、わたしたちは、ついついマイナスな面ばかりを思い描いてしまいがちですが、このようにとらえ方を変えれば、劣等感とは、明日への活力となり得るのではないでしょうか。

わたし自身も、大学卒業までは仏教に深く触れたことがなかったため、修行を終えたばかりの頃は、同年代で深い知識があり、十分な振る舞いができる僧侶に対し、劣等感を抱いたことがありました。

しかし、だからこそ、「誰よりも学びたい」「誰よりも成長したい」という思いが芽生え、仏教の教えを熱心に、そして真剣に学び続けられるのだと思います。

「自分はできている」「自分はこれで十分である」と思ってしまった時、その人の成長はそこで止まります。「まだできることがある」「十分でないと

【仏教の豆知識】

「慚愧」とは、修験道（「山へ籠もって厳しい修行を行うことにより悟りを得ることができる」とされる山岳信仰で、仏教にも取り入れられる）で山を登る際に唱える、「慚愧、懺悔、六《ろっ》根清浄《こんしょうじょう》」という「かけ念仏」の一節です。

「懺悔」とは、「自分の侵した過ちを悔い改めること」を意味します。「六根清浄」とは、「人間の認識の根幹すべてを清浄にすることが修験道の神髄であること」を意味します。つまり、『見ない、聞かない、嗅がない、味わわない、触れない、感じない』、これら六根を清らかにすることが大切である」ということを意味します。

ころがある」と気付いた人が、成長できるのだとわたしは思います。

そのように考えると、「奢りを捨て、誠実に生きていくこと」それ自体が、わたしたちの「生き甲斐」となっていくのではないでしょうか。

入山したばかりの頃の修行道場での一日

4:30〜5:00 起床・水行	起床するとすぐに滝つぼで水行を行います。部屋から400メートルほど離れた山中の滝壺まで走って移動。身を清めるため冷水に肩まで浸かり、一心不乱に般若心経を3回、不動明王の真言を21回唱え続けます。すべて唱え終えるまでに10分ほどかかります。
5:00〜6:00 学びの時間	素早く身支度を整えた後は、密教の教えが説かれた書籍などをひとり集中して読み込みます。
6:00〜7:00 勤行	修行僧が仏前に揃って正座し、手を合わせながら読経を1時間行います。般若心経、不動明王の真言、理趣経や観音経を邪念なく唱え続けます。
7:00〜7:30 食事	朝は粥、みそ汁、沢庵、梅干しなどを食べます。食べ物に感謝し、集中していただきます。
7:30〜8:30 別行	本堂や道場など、皆が使う場所を素早く隅々まで掃除します。
8:30〜9:00 雑務	自分の部屋の掃除や洗濯をします。
9:00〜16:00 (12:00〜12:30食事) 授業	声明《しょうみょう》といって、仏典に節を付けて唱えることを中心に学びます。授業では節回しがいかに重要かを教わります。合間に昼食を摂ります。すぐ済ませられるように、うどんなどの麺類を多くいただきます。
16:00〜16:15 お堂閉め	13人の修行僧が手分けして、本堂や道場の門や雨戸を一斉に閉めます。
16:15〜16:30 風呂	着脱を含め、15分と決められています。5人ずつ手早く済ませます。湯を流す際も、飛び散らないように行います。
16:30〜17:30 勤行	仏前に揃って正座し、合掌しながら読経を1時間行います。
17:30〜18:00 食事	夜は、カレーなどを食べることもあります。肉のない精進料理が主でした。
18:00〜21:00 学びの時間	明日の授業に備え、声明を学んだり、写経(般若心経などの経をしたためる)をしたりして過ごします。
21:00 就寝	寝ることも大切な修行のひとつです。規則正しく、夜の9時には必ず就寝します。

子育てに正解も不正解もない

【お悩み】

「小学二年生の息子が、女の子のように振る舞うことが増えました。ママ友に指摘され少し不安に……」

（47歳／女性）

小学二年生の息子が、女の子のように振る舞うことが増え、少し心配です。布をスカートのように巻き付け嬉しそうにしていたり、髪にリボンをつけてうっとりしていたり……。

初めは、二歳上のお姉ちゃんのまねをしているだけだと思っていたのですが、好きな色を訊くとピンクと答え、女の子に混ざって遊ぶことも好きです。

女の子のように振る舞う男の子がいても、わたしはいいと思うのですが、ママ友に指摘されると、少し不安に感じることも。息子の好みを尊重したいと思ってはいても、まわりの目が気になり悩んでいます。

子育ては、毎日予期せぬことの連続。ママ友など周囲との関係によって、不安になってしまうこともあると思います。わたしも三人の子どもを持つ父として、心中お察しします。

以前、書家の金澤泰子さんより、ダウン症である娘・翔子さんの幼少期のお話を伺ったことがあります。【法話3】では、泰子さんの子育てについてお話しさせてください。

【陽人和尚からの一言】

「皆がしていることが正解とは限りません。価値観は人それぞれです」

コミュニティーの中にいると、人はどうしても、「皆がしているから、自分もしなければいけない」「皆が持っているから、自分も欲しい」というように考えがちです。輪の中からはみ出さないように振る舞うことで、安心感が得られるからでしょう。

しかし、皆がしていることが正解とは限りません。子育てにおいては、ことさらそうではないでしょうか？

重要なのは、まずは何が本人にとっての幸せなのかということを理解することです。まわりからの押し付けによって見出すのではなく、本人の価値観でそれを見出してあげてください。社会のルールを守りながら、自分の価値観を極められたとしたら、大変幸せなことではないでしょうか。

幸運なことに、世の中は段々と、多種多様な価値観を尊重する方向へと動き出しています。

まずは、あなたがしっかりと息子さんを認めてあげてください。その心構えが、周囲の目を気にならなくさせてくれます。理解ある家族のサポートの元、本人がしっかりとした自分の考えを持つことができれば、たとえ厳しい環境でも、目標に向かってしっかり進む人になれるのではないでしょうか。

【法話3】

書家の金澤泰子さんがたどり着いた「揺るがない子育て」

先日、全国の真言宗の青年僧侶が一同に会し研鑽を積む、全真言宗青年連盟結集《けつじゅう》大会が、中山寺（兵庫県宝塚市）と須磨寺を会場として行われました。中山寺では記念法要が執り行われ、須磨寺では講演会が行われました。

須磨寺で行われた講演会の講師は、親子ともに書家の金澤泰子さんと翔子さん（コラム3「天才書家・金澤翔子さん」／72ページ参照）のおふたりでした。翔子さんは、ダウン症でありながら、五歳から本格的に、母親である泰子さんから書道を習われてきました。翔子さんの懸命に書に取り組む姿勢と、まわりの方々の協力もあり、日本を代表する書家となられた方です。

＊＊＊

講演会は、翔子さんの席上揮毫《きごう》から始まりました。

泰子さんに見守られながら、大きな筆を両手で持ち、ゆっくりと「共に生きる」という書を揮毫されました。力強いその書に、会場は大きな感動に包まれました。


その後講演では、泰子さんが翔子さんと「共に歩んでこられた道のり」をお話しくださいました。

泰子さんが四十二歳の時にやっと授かった待望の第一子が、翔子さんだったそうです。生後間もなくして、ダウ

【仏教の豆知識】

お釈迦様の教えに、「天上天下唯我独尊《てんじょうてんげゆいがどくそん》」というものがあります。

「自分が一番！」と偉ぶる人に対して「唯我独尊」という言葉が使われることがありますが、これは正しい使い方ではありません。

正しくは、「この世界に生きる者には皆、崇高なたったひとつの目的、尊い使命がある」という意味です。つまり、優劣に関係なく、「どんな人も、尊い目的を果たすために、この世に生まれてきた」とおしゃっているのです。

ン症だということを医師から告げられた時は、ようやく授かった命に感謝するとともに、「なぜ、わたしのところに」という思いで、天を恨んだともおっしゃっておられました。

今から三十年以上前は、世間的にまだ、ダウン症の子どもたちに対して理解が広がっておらず、泰子さんは翔子さんを隠すように育てなければならないこともあったそうです。

当時の子育てを振り返ると、泰子さんは「世間体を気にしてばかりで、翔子に対して、申し訳ない気持ちや可哀想という気持ちでいっぱいになる」とおっしゃっておられました。

しかし、泰子さんの気持ちとは裏腹に、当の翔子さんはまっすぐに成長し、毎日明るく、そして楽しそうに小学校へ通い（当時、公立小学校の普通科に通学）、家でも毎日、幸せいっぱいの笑顔を見せてくれたそうです。

そんな翔子さんを日々見ていて、「可哀そうと思っているのはわたしだけで、翔子はそんなことちっとも感じていない。幸せか、そうでないかは、本人が感じ、決めることだ。翔子は、今を幸せいっぱいに生きているではないか」と気付いたと、泰子さんはおっしゃいました。

翔子さんとのたくさんの経験を経て、泰子さんは、世間体を気にすることから抜け出し、自分の考えを手に入れられたのではないでしょうか。他人の評価に揺さぶられない、揺るがない、自分流の子育てにたどり着かれたのだと思います。

「翔子が幸せならば、まわりがどのように思おうと、自分も幸せ」。泰子さ

【仏教の豆知識】

「楽と不楽と得と不得と自心能《よ》くす」。これは、弘法大師様が弟子たちに送った言葉です。

「幸せとは、己の心次第である」という意味です。つまり、ひとつの出来事は、自分の考え方次第で、「苦にも楽にも、悩みにも悟りにもなる」とおしゃっています。

んは今、心からこのように思えるそうです。

この言葉に、わたしは深く感動し、心を打たれました。

泰子さんの子育てのテーマは「自立」。わが子を信じ、そばで見守り続けたい！

翔子さんは、数年前に放映されたＮＨＫの大河ドラマ「平清盛」の題字を、揮毫されたことでも知られています。

これまで、書家として数々のすばらしい作品を手掛けられてきた翔子さんですが、そうなられるまでには、たくさんのエピソードがありました。

泰子さんの希望もあって、当時、翔子さんは公立小学校の普通科に通われていました。ところが、もうすぐ四年生という間際になって、進級できないといわれてしまったそうです。急にあいてしまった時間を使い、泰子さんは、当時十歳だった翔子さんに、二七六文字の般若心経を書かせてみようと思い立ったとおしゃっていました。

書家である泰子さんは、翔子さんを生み育てる以前から、ここぞという時に、般若心経をしたため、唱えていたといいます。それは、泰子さんの書の原点でもあったのかもしれません。

そして、翔子さんに般若心経を書かせてみようと決めた時、泰子さんは、翔子さんを真っ直ぐに正面から支えようと決めました。

書の師でもある泰子さんは、上手に書けない翔子さんを、叱り飛ばしてしまうこともあったといいます。時には

【仏教の豆知識】

般若心経の主目は、「空《くう》」です。いろいろな見方がありますが、「空」とは「無執着」という意味です。「無執着にすら無執着な無執着」という意味です。

これを、薬師寺元管主の故・高田好胤《たかだこういん》師が分かりやすく、わたしたちに伝えてくださっている言葉があります。

「かたよらない心。こだわらない心。とらわれない心。広く広く、もっと広く。これ般若心経、空の心なり」

わずか三百字足らずの本文に、仏教の心髄が説かれています。

涙を流しながら、二七六文字書き終えては、一文字目からを繰り返す毎日が続きました。

愚痴もこぼさず、練習を続けた翔子さんは、三か月後、泰子さんの納得する「般若心経」を、ついに書き上げたそうです。

できそうもないことを前に、初めは誰しもたじろいでしまうことがあります。それがわが子の挑戦であれば、なおのこと心配になり、親としては、手を貸してしまいたくなってしまうものです。

しかし、ここで踏みとどまり、「子どもを信じて、そっと見守ってあげる」。そうやって、やり遂げた時の達成感は、本人にとっても親にとっても、大きな自信となるのではないでしょうか。そしてその経験は、ここぞという時に、「拠り所」となるのではないかとわたしは思います。

わたしも三人の子どもを持つ親として、子どもたちを見ていると、手を貸してしまいたくなることがあります。そんな時は、泰子さんのお話を思い出し、子どもたちを信じ、見守るように努めています。

そして、わたし自身も日々、挑戦することの大切さを、身をもって子どもたちに示していきたいと思っています。

弘法大師様のチャレンジ精神をお手本にわたし自身も挑戦する姿を子どもに見せたい！

わたしは、二〇一七年六月より、インターネットの動画サイトYouTubeで「小池陽人の随想録」を開設し、これまで二週間に一度、法話を配信してきました（コラム5「YouTube法話の裏側1」／101ページ、コラム6「YouTube法話の裏側2」／120ページ参照）。

仏教界では、時に「四十代でもまだ若手」と言われることがありますが、そのことを考えると、三十代前半のわたしなどは、僧侶としては、まさにまだ「ひよっこ」と言えるでしょう。

そんな若輩者で浅学菲才《せんがくひさい》のわたしが、「法話」や「説話」とは言えないような、つたない話をYouTubeで配信することにより、どんな批判を受けるのか、正直、始める前は不安でいっぱいでした。


実際、ある先輩僧侶の方から、「焦って何にでも手を出し、行動するのはまだ早いのではないか。若いのだから、今は蓄える時期だろう」とアドバイスをいただいたこともあります。僧侶としての経験が浅いわたしのことを思い、そのような言葉をかけてくださったのだと思います。そして、この先輩僧侶の言葉によって、慎重になり過ぎてしまったわたしは、結果、配信をためらった時期もありました。

しかし、僧侶として日々仏教の教えに触れる中で、弘法大師様なら、「現代の最新技術も駆使して、仏教を皆に伝えたのではないか」と考えるようになっていきました。

＊＊＊

弘法大師様は、最新の仏教を学ぶため、八〇四年、三十一歳の時に、留学僧として遣唐使の船に乗り、唐（中国）の長安を目指されました。

しかし当時、航海は命懸けの行為。過去に何隻も難破し、多くの人々が命を落とした時代でした。

それでも、弘法大師様の仏教に対する熱意は冷めず、果敢にも海を渡ることに挑戦。悪天候が続く中を漂流し、長安よりも南西にある福州に漂着します。同時に出港した4隻のうち、2隻は難破してしまったそうです。

やっとの思いでたどり着いた福州でも、幾多の困難が待ち受けていたといいます。しかし、決してあきらめず、一つひとつの困難に真摯に向き合い、約半年かけて長安にたどり着いたそうです。

最新の仏教に触れたいとの一心で、命懸けで船に乗りこみ、仏教の教えを持ち帰った弘法大師様の生きる姿勢は、まさに、ＹｏｕＴｕｂｅ法話を始めるか否か悩んでいたわたしの心を楽にしてくれました。

物事をマイナスにとらえてばかりいても、前に進めません。

わたしは、よく考えた末、「人生を豊かに、そして楽にしてくれる仏教の教えを、多くの人に知ってもらいたい」この思いを根底に前を向き、ＹｏｕＴｕｂｅ法話に挑戦することにしたのです。

すると、普段のわたしを知る人々が、次第にわたしの考えに賛同し、応援してくれるようになっていきました。仏教に対するわたしの思いが、周囲の人々に理解してもらえたのです。

弘法大師様の命懸けの教えを噛みしめながら、わたしは今日もＹｏｕＴｕｂｅ

法話の配信を続けています。

これからも、仏教の教えをひとりでも多くの人に知ってもらうため、挑戦を続けていきたいと思います。そして、その姿を、子どもたちにも見てもらいたいと思っています。

コラム 3 【天才書家・金澤翔子さん】

師匠である母と二人三脚。世界中から賞賛を集める天才書家

金澤翔子（一九八五年生まれ）さんは、書家である母・泰子さんに師事し、五歳より書を始めました。生まれてすぐに敗血症にかかり、その後ダウン症と診断されます。ハンディキャップを抱えながらも泰子さんに習い、人並み以上の努力を重ね、これまで書への精進を続けてこられました。

二〇〇二年、日本学生書道文化連名展に「舎利礼」（真言宗のお経のひとつで「お釈迦様を最上の敬意をもって礼拝する」という意味がある経典）を出品。学生書道の最高位である金賞を受賞されました。また二十歳の時（二〇〇五年）には、銀座の書廊にて初めての個展「翔子 書の世界」を開催。これが評判となり、以後ニューヨークやプラハなどでも個展を開き、世界中から賞賛を集めています。（紺綬褒章受章。日本福祉大学客員准教授。文部科学省スペシャルサポート大使。東京オリンピック公式アートポスター制作アーティスト就任。）

これまでに、建長寺（鎌倉）に「慈悲」、建仁寺（京都）に「風神雷神」、龍雲寺（静岡）に「世界一大きい般若心経」など、自ら揮毫された書を奉納。須磨寺にも「慈眼視衆生」（「観音様は慈しみの眼でいつもわたしたちを見守ってくださっている」という意味）を奉納くださいました。今も大切に寺務所に飾らせていただいていますので、須磨寺にお越しの際は、ぜひ、見ていただきたいと思います。

第2章

「優しくなれない時」に読みたい3つの法話

笑顔でいるために

相手に対して寛容に

完璧主義は自分を追い込む

笑顔でいるために

【お悩み】

「職場で、同僚から無視されたり、避けられたりして、元気が出ません……」

（42歳／女性）

派遣社員として、大手生命保険会社で働くようになって三か月が経ちます。女性が多い職場なので気を使うことも多いのですが、いつも笑顔でいるように心がけています。

毎朝出社してすぐに、社内の人たちに「おはようございます！」と元気に挨拶をしているのですが、決まってふたりの女性が返してくれません。わたしの顔を見るとあからさまにイヤな顔をしたり、席を立ってその場からいなくなってしまったりすることもあります。こんな時は、朝から気分が落ち込みます。

笑顔で元気に挨拶するのが、わたしの取り柄なのですが、最近は声も出せなくなってきました。どうすればよいのでしょうか？


挨拶をしても返ってこなかったり、仏頂面だったりされると、いい気分がしないものです。ただ、笑顔で挨拶をされると、多くの人は嬉しいはずです。どうぞ笑顔で挨拶を続けてください。

わたしも、心に余裕がない時、笑顔を失っていることがあります。【法話4】では、仏教的な視点から「笑顔」について少しお話しさせてください。

【陽人和尚からの一言】

「笑顔には、相手の心を解きほぐす力があります！どうか笑顔で挨拶を続けてください」

気にしないようにするのは難しいかも知れませんが、あなたはどうぞ、自分を責めず、笑顔で挨拶をすることをやめないでください。人生には、辛いことが重なることもあります。笑顔になれない日や元気が出ない日もあります。でも、それが永遠に続くことはないのです。

ひとつのことを暗くとらえてしまうと、そうでないことも暗くとらえてしまい、自ら暗い方向へ進んでしまうことがあります。こういう時こそ、笑顔でいることが大切です！　笑顔でいることで、考え方も明るくなってくるはずです。

もしかしたら、挨拶を返さない女性は、何か自分自身の中に問題を抱えているのかもしれません。

笑顔には、相手の心を解きほぐす力があります。どうぞ、ブレずに笑顔で挨拶を続けてください。そして、あなたがこれまで行ってきた良い習慣一つひとつを、大切にしてみてください。そうすることで、物事をポジティブに考えられるようになり、状況もきっと変わってくるのではないでしょうか。

【法話4】

笑顔を作る鍵は、「余裕」と「努力」にある

人間には、人間以外の動物にはない特徴がいくつかあります。

たとえば、鏡を見ることや二足歩行は、人間の特徴（一部、類人猿など人以外の動物にもみられる）といえるでしょう。

「鏡を見る」とは、「自分を見つめる」ということですから、「反省する」という言葉に置き換えられるのではないでしょうか。つまり反省すればするほど、人間らしくなってゆくと、わたしは思います。

また、二足歩行とは、手が自由になるということですから、これもまた手を使えば使うほど、人間らしくなってゆくのではないでしょうか。

そして、「笑顔」というものもまた、人間の特徴（一部、猿人類など人以外の動物にもみられるという説もあります）だそうです。

そう考えると、人間は笑えば笑うほど、人間らしくなってゆくのだと、わたしは思います。

＊＊＊

笑顔には、「布施」「施し」という大切な要素があります。

仏教が説く「無財《むざい》の七施《ななせ》」という教えの中には、「和顔施《わげんせ》」つまり「笑顔でいることが、相手の心を解きほぐす施しになる」ということが示されてい

【仏教の豆知識】

「無財の七施」とは、お金が無くてもできる次の七つの施しのことをいいます。

和顔施…笑顔でいること
慈眼施《じげんせ》…優しい眼差しで接すること
言辞施《ごんじせ》…思いやりのある態度と言葉を使うこと
捨身施《しゃしんせ》…模範的な行動を実践すること
心施《しんせ》…他者とともに喜び、悲しむこと
壮座施《そうざせ》…自分の地位をわだかまりなく譲ること
房舎施《ぼうしゃせ》…思いやりの心を持って行動すること

ます。

しかしながら、いつも「笑顔」でいることは、言葉で言うほど簡単なことではありませんよね。皆さんも、日常生活の中で、そう感じることが多々あるのではないでしょうか。


毎日笑顔でいるためには、「余裕」がなければいけません。

自分の心に余裕を作るためには、何事にも準備を怠らず、常に身の回りの環境を整え続ける「努力」が必要となります。

＊＊＊

学生時代、わたしは身の回りの環境を整えることがあまり得意ではありませんでした。準備不足で、すぐ先の出来事へ、慌てて対応することもよくありました。

高校生の頃はサッカーに熱中し、毎日、放課後遅くまで練習していました。

帰宅後は、疲れ切ってしまい、翌日の用意もそっちのけで、眠ってしまうなんてことも、よくありました。そんな日の翌朝は、やはり慌てて身支度をするため、忘れ物や忘れ事が出てしまい、笑顔のない一日を過ごしていたように思います。

しかし、大学卒業後に入山した修行道場での生活を経験したことで、わたしは、笑顔に必要な余裕を作るには、努力が不可欠であることを学びました。

目の前のやらなければならないことに集中し、丁寧に積み重ねる日々。一年間、淡々とそんな日々を繰り返すうちに、いつの間にか所作が体に染みつき、自然と余裕を感じられるようになっていきました。身

【仏教の豆知識】

「摩尼《まに》、自ら宝に非《あら》ず、工人《こうじん》能《よ》く瑩《みが》く」。

これは、弘法大師様の言葉です。

「摩尼(玉)は、初めから宝玉の形をしているわけではない。研鑽の職人が一生懸命磨いて光輝く玉となる」という意味です。

「何事も、集中して丁寧に積み重ねてこそ、初めて形となって現れる」ということを説かれているのです。

の回りの環境を整える続ける習慣は結果、心に余裕をもたらし、笑顔で過ごせる日を少しずつ増やしていってくれるのではないでしょうか。

作家の村上春樹さんも、仏教の教えを実践!? ブレない心が笑顔に繋がる

日々、笑顔でいるためには、もうひとつ秘訣があります。

それは、「ブレない」ということです。


自分に自信がないと、人はどうしても、自分の心の軸が揺らいでしまう瞬間があります。

「人に嫌われていないだろうか」

「これで大丈夫だろうか」

「空気の読めない人だと思われていないだろうか」

「……」

答えのないことを延々と自問自答し続けてしまいます。すると今度は、心がだんだん疲れてきます。心が疲れている状況では、笑顔など到底作ることなどできません。

たとえば、旗というものは、軸がしっかりとしていれば、どのような風にさらされても、上手く風が流れる方向へたなびいて、揺らぐことはおろか、吹き飛ばされることもありません。

わたしたちも、心がブレないためには、軸のしっかりした旗のような柔軟さが求められるのではないでしょうか。

では、旗のような柔軟さを手に入れるには、いったいどうしたらよいのでしょう。以前読んだ、作家の村上春樹さんのエッセイの中に、そのヒントがありました。

＊＊＊

村上さんは『村上さんのところ』（新潮社）という本の中で、二十九歳の女性からの「村上さんは、中傷や批判に対して、どのように心の中で処理していらっしゃるのですか？」というような質問に、次のように答えられていたのが印象的でした。なぜなら、とても仏教的な考え方だったからです。

同書の中で、「うちの父親の家系は、僧侶だったので、仏教はいつも僕の身の回りにありました」と綴られているので、それは自然なことなのかもしれません。

（中略）規則正しく生活し、規則正しく仕事をしていると、たいていのものごとはやり過ごすことができます。誉められてもけなされても、好かれても嫌われても、敬われても馬鹿にされても、規則正しさがすべてをうまく平準化していってくれます。本当ですよ。だから僕はできるだけ規則正しく生きようと努力しています。朝は早起きして仕事

をし、適度な運動をし、良い音楽を聴き、たくさん野菜を食べます。それでいろんなことはだいたいうまくいくみたいです。試してみてください。(『村上さんのところ』新潮社/村上春樹著/110ページより引用)

この返答を読んで、揺るがない自分の軸を作るための秘訣はまさに、この「規則正しく生きる」という部分にあると、わたしは思いました。

なぜなら、わたし自身、修行道場での「徹底した規則正しい生活」を経て、今も規則正しい生活を続けるうちに、軸がしっかりしてきたように感じているからです。

お釈迦様の教えに、八つの正しい道を説いた「八正道《はっしょうどう》」というものがあります。その中のひとつ、「正命《しょうみょう》」には、生活態度のことが示されています。「日々、乱れず、正しい生活を心がけ、続けることが大切である」という教えです。

日常生活とは毎日、たえず繰り返すものです。体調が優れなかったり、気持ちがついて行かなかったりすることもあります。しかし、そんな時こそ、自らの生活に応じて工夫をしたり、気持ちを整理したりしながら、規則正しい生活を続けることが大切です。規則正しい生活を目指すことで、真に自立できる人間となるべき心構えが生ずるのです。

【仏教の豆知識】

「八正道」とは、次の八つの正しい行いのことをいいます。

正見《しょうけん》…正しい理解
正思惟《しょうしゆい》…正しい思考
正語《しょうご》…正しい言葉
正業《しょうごう》…正しい行い
正命…正しい生活
正精進《しょうしょうじん》…正しい努力
正念《しょうねん》…正しい思念
正定《しょうじょう》…正しい精神集中

＊＊＊

お釈迦様は、最初期の経典『スッタニパータ』（南伝仏教の小部に収録されたパーリ語の経典）にて、「悪口とは愚者が言うものである」と説いています。「悪口」について、こんなお話しが残っています。


道端でお釈迦様の悪口を言う者がいました。

弟子たちは、それを聞き、心が忌々しい感情でいっぱいになってしまいました。やがてその場を離れると、弟子はお釈迦様に訊きました。

「お釈迦様、どうしてあんなに悪口を言われても、怒らないで黙っているのですか？」

するとお釈迦様は、次のようにおっしゃられました。

「では、『わたしのこの数珠をお前にあげよう』とわたしが言っても、お前が受け取らなかったらどうなる。そう、数珠はわたしの手元に残るだろう。さっきの悪口も受け取らなかったらどうなる。相手に残るはずだ。だから、何でも受け取って悔やむのは良くないことだ」。

これは、「お釈迦様の軸がいかにブレないか」ということが、うかがえるお話ではないでしょうか。

他人の意見や批判にさらされた時、人は感情が必ず揺さぶられます。しかし、ここで大切なのは、自分の感情によって自分を支配されてしまわないということです。嫌な感情に支配されると人はやる気をなくし、行動力が鈍ります。行動力が鈍れば、物事は好転せず、さらに嫌な感情に支配されるという悪循環に陥ってしまいます。悪循環を断ち切るには、嫌な感情に支配されても、いつも通り規則正しく生活することです。難しいことですが、これを意識してみてください。面倒でも苦しくても、意識し心がけてみてください。

規則正しく生活していれば、いつしかそれが当たり前となり、やがて感情に支配されない心の軸ができてくるはずです。

心の軸をしっかり保ち、忍耐強く身の回りの環境を整え続けることが、毎日の「笑顔」に繋がってくるのではないでしょうか。

コラム 4【真言密教】

密教を教えとする真言宗の根源は、「即身成仏」と「曼荼羅思想」にある

平安時代、空海（のちの弘法大師様）が入唐し、学び伝えた「密教」を教えとするのが、真言宗です。日本の伝統仏教の中の一宗派です。仏教とは、約二千五百年前、北インドでお釈迦様が開いた宗教です。お釈迦様は、三十五歳で悟りを開かれ八十歳でお亡くなりになるまで、仏教の教えを説き続けられました。この仏教を学び、真言宗を開いたのが、初祖・善無畏《ぜんむい》（六三七〜七三五年）です。空海は、善無畏の弟子の弟子・恵果阿闍梨《けいかあじゃり》より、密教を学びました。

真言宗は、「即身成仏《そくしんじょうぶつ》」が教えの神髄です。これは「身体を動かして成し遂げる」「言葉で思いを伝える」「心で喜怒哀楽を感じ取る」という三つの行いは、仏様もわたしたちも同じで、生きるうえで非常に大切であるということを意味しています。つまり、仏様と同じように、身体と言葉と心を清らかにすることにより、「生まれてきたありのままの姿で、わたしたちも仏様になることができる」と説いています。

その思想の中心は曼荼羅思想（114〜119ページ参照）にあります。曼荼羅に描かれたたくさんの仏様の中心にいるのが真言宗の根本、すべての徳を備えた大日如来様です。その一つひとつの徳を分担し姿を変えてわたしたちを救いに現れるのが、阿弥陀様であったり、観音様であったりするのです。

相手に対して寛容に

【お悩み】

「仕事で疲れているからといって、家のことをまったく手伝ってくれないマイペースな夫にあきれます」

（45歳／女性）

週末はいつも、家族四人の一週間分の洗濯をしたり、掃除をしたりと、朝から大忙し。それが終わったと思ったら、小一と小三の娘たちが、「ママいっしょに遊ぼー」とおもちゃを広げ始め、やれやれといった感じです。しかし決まってそんな時、のそーっと夫が起きてきて、だらしのない感じで「お昼ごはん何？」と声をかけてきます。

わが家は共働きで、わたしも金曜日は仕事を持ち帰って子どもが寝た後にすることも多く、マイペースな夫を前に、もう少し気を使ってほしいと、気持ちがいら立ってしまいます。休日くらいは、家族でゆっくり過ごしたいと思っているのですが……。


疲れていたり、心に余裕がなかったりする時に、思うようにことが進まないと、気持ちがいら立ってしまうことってありますよね。わたしも、そのような経験があるので、「うん、うん」と頷いてしまいます。

周囲に対して、いつも寛容でいることは、決して容易ではありません。先日、寛容さを求められる、ある料理店の話を友人から聞きました。【法話5】では、そのことについて少しお話しさせてください。

【陽人和尚からの一言】

「ま、いいか」という気持ちで、意識して流すように心がけてみてください

わたしは気持ちがいら立ってしまった時、周囲に当たってしまう前に、嫌な感情を受け流す意味で「ま、いいか」と自分に言い聞かせるようにしています。

世の中にはいろんな人がいます。考え方も皆違います。あなたが考えていることが絶対に正しいとは限りません。もしかしたら、旦那さんも昨夜は仕事が大変で、ぼーっとする時間がほしかったのかもしれませんよ。また、午後からは娘さんと、全力で遊ぼうと思っていたかもしれません。

自分の一方的な判断だけで、相手を追い詰めてしまってはいませんか？　決め付けず、まずは、深呼吸してみてください。「ま、いいか」という気持ちで、いら立った気持ちを受け流してみてください。時には譲ってみることも大切です。譲ることで状況は変化し、変化したことで、相手も自分のいたらなさに気が付くかもしれません。

人生には、躓き転んでしまうようなことも起きます。そういう時は、起きあがり、前に進むためにも、「ま、いいか」という気持ちで、受け流すことも必要ではないでしょうか。

【法話5】

正論を振りかざし、「失敗を許さない」風潮に警鐘

「カスハラ」という言葉をご存知でしょうか。これは、「カスタマーハラスメント」という言葉の略で、客による店員に対しての嫌がらせを意味します。店員の失敗につけ込み、客という立場で正論を振りかざし、感情的に怒り、怒鳴り、精神的に店員を追い込んでいきます。コンビニエンスストアーの店員を土下座させたという人もいるそうです。

わたしは、そのような話を聞くたびに、社会全体に不寛容がばらまかれ、「生きづらい社会」になってしまうのではないかと怖くなります。

失敗をして、切り捨てられる人はもちろんですが、相手を否定し、切り捨てた人にとっても、今の世の中は、生きづらくなっているのではないかと、わたしは思います。何故なら、失敗が許されない社会を自ら作ってしまっているからです。

もともと人間は不完全です。完ぺきな人など存在しません。つまり、誰しも失敗する可能性があります。

失敗を指摘することを悪いとは思いませんが、その失敗を理由に人格まで否定するのは行き過ぎています。気を付けなければいけません。

【仏教の豆知識】

わたしたちは「諸行無常《しょぎょうむじょう》」の中を生きています。「諸行無常」とは、「この世に存在するすべてのものは、同じ状態を保つことなく移り変わっていき、永久不変なものなどない」という意味です。この言葉には、わたしたちを含めすべてのものは、不完全であるという意味も含まれています。

「人間は不完全だからこそ、少しでもそれを補い、理想に近付くために努力する」という考え方は、仏教の根本的な教えです。

「こうじゃないといけない」の押し付けは現場を窮屈にするだけ

「注文を間違える料理店」のお話を、皆さんはご存知でしょうか。

テレビや新聞、雑誌などで大きな話題となったので、ご存知の方も多いかもしれません。

＊＊＊

「認知症を抱える人にスタッフをしてもらう」というコンセプトのこの店。東京の六本木で、三日間の期間限定で行われた取り組みなのですが、考えたのは都内にあるテレビ局ディレクターの小国士朗さんという方だそうです。

料理はプロの料理人が、運営はテレビ局や広告代理店などに勤める人々がボランティアで行い、収益は得ていないといいます。

小国さんは、ある認知症介護のグループホームを取材していた時、ロケの合間に何度か認知症の方が作る料理をごちそうになる機会があったそうです。

このグループホームでは、生活する認知症の人が、料理はもちろん、掃除や洗濯など、日常の「自分たちでできることは、すべて自分たちでやる」ということを方針にしていたといいます。


ある日、「今日の献立はハンバーグ」と聞いていたのに、餃子ができてきたことがあったそうです。小国さんは、献立の間違いを指摘しようと思ったそうですが、それを言うことで、もうすでに目の前にできあがっている美味しそうな餃子が、台無しなってしまうのではないかと、ふと思いとどまります。

考えてみれば、ハンバーグが餃子になったところで、別に誰も困らない。「こうじゃないといけない」という考えに自分がとらわれ過ぎていて、それこそが介護の現場を窮屈にしてしまっているのではないかと気が付かれたそうです。

これは、介護の現場だけではないかもしれません。

「こうでないといけない」の押し付けは、時に柔軟性を失わせ、現場を窮屈にさせるだけではないでしょうか。

間違えてしまっても「ま、いいか」と思い合える社会

グループホームの取材中に起こった、献立の間違いをきっかけに、小国さんは、「注文を間違える料理店」というレストランのアイデアを思い付きました。ホールスタッフは、全員認知症の人。

小国さんはレストランの運営にあたり、認知症の人も含め、レストランに関わる皆が、自然体で働くことができるようにしました。できるだけシンプルな導線や接客ができるように対策をしつつ、それでも間違えてしまったら、「許してください」と素直に言い合える現場作りを心がけたそうです。

それでも、やはり……。

いざオープンすると、サラダにスプーンを付けて出してしまったり、ホット

コーヒーにストローを添えて出してしまったり、やはり注文を間違えてしまうこともありました。しかし、誰ひとりとして怒る客はおらず、逆にその間違いから客と店員との間にコミュニケーションが生まれ、レストランは終始、和やかな雰囲気に包まれていたといいます。

そして、なにより、認知症になり自信を失っていた人たちの中には、働くことで再び生きる喜びを取り戻すきっかけになった人もいたそうです。

働くことで、生きる喜びを取り戻すことができるとは、なんて素晴らしい

【仏教の豆知識】

お釈迦様は、「憤り」や「妬み」など、ネガティブな感情に対し、「許すこと」の大切さを説かれました。「許すこと」がすべての憤りと妬みを終結し、あなたを永遠の至福に導く」とおしゃっています。

仏教が世界中に広がったことや、今まで宗教戦争を起こさなかったことも、「寛容」「許す」「認め合う」ことの大切さを熱心に説いたものだからだと、わたしは思います。

ことでしょうか。

他人の間違いを指摘できる勇気も大切だと思います。しかし、冷静さを失ってはいけません。誰しもわざと間違おうと思う人などいません。それゆえ、間違いに気が付いた時は、まず、それを指摘される相手の気持ちを想像することが、もっとも大切だとわたしは思います。

思いやりの心があふれる社会になることが、皆が窮屈に感じることのない環境を作り出すのではないでしょうか。

【仏教の豆知識】

仏教には「発願《ほつがん》利生《りしょう》」という教えがあります。

「利生」とは、生きている人々に利益をもたらすという意味で、「発願」とは悟りを求める心を起こすという意味です。自分が一切の人々を助けるんだという理解を持つことをいいます。

つまり、「自分のためだけではなく、世のため人のために働くということが発願になる」。これは仏教の教えの基本であると説いています。

コラム

5 【YouTube法話の裏側1】

「仏教を皆に知ってもらいたい」。その一心で、動画配信を決意！

わたしが、YouTubeで「小池陽人の随想録」の配信を始めたのは、二〇一七年の六月のことです。わたしの母の実家である須磨寺の副住職となり、五年が経った頃でした。二週間に一度のペースで、これまでに百本近くを配信してきました。有り難いことに、再生回数七万回を超える法話もあります。

本来仏教とは、「わたしたちが今、人生をどのように生きていったらいいのか」、その教えを説いたものです。つまり、今を生きる人々が抱える「生きづらさ」というものを解きほぐす力があると、わたしは思います。しかし、その教えに触れる機会がなければ意味がありません。そこで、わたしは迷った末に、YouTubeで「小池陽人の随想録」を配信することにしました。大切にしているのは、「僧侶の『説教』ではなく、見る人と同じ目線での話し方」です。難しい仏教用語も、噛み砕いて伝えることにしています。

動画は、ウェブ制作会社に勤務していた知人の協力を得て、皆さんに見てもらいやすいように、1話を10分前後に編集しています。

完璧主義は自分を追い込む

【お悩み】

「自分の理想を家族に押し付けてしまうところがあり、自分でも困っています」

（40歳／女性）

専業主婦になって十年、自分なりに思い描いた理想の家庭像があり、毎日それに近付くために奮闘しています。家の中はいつもすっきりときれいに、夕飯も献立が偏らないように工夫するなど、家事や育児など日々手を抜かないように頑張っています。

自分が頑張っている分、家族にも自分がしてほしいことを求め過ぎてしまうようで、ぶつかることがしばしばあります。服を脱ぎ散らかしっぱなしの夫にはこまめに片付けてほしいとか、子どもたちには好き嫌いを言わずに完食してほしいとか、きりがありません。
家族それぞれを尊重したいとも思っているのですが、それでも、つい理想を押し付けてしまいます。最近は、家族が煙たい顔をしているように感じ、押し付けをやめたいと思っているのですが……。

こうなりたいという理想を思い描きながら、頑張っている姿勢は素晴らしいと思います。しかし相手にもそれを求め過ぎてしまうと、相手は疲弊し、心が離れてしまうことにもなりかねません。考え方や持って生まれた性質、実際にできることなど、人は皆異なります。【法話6】では、世界最古の木造建築を例にあげ、個性について少しお話しさせてください。

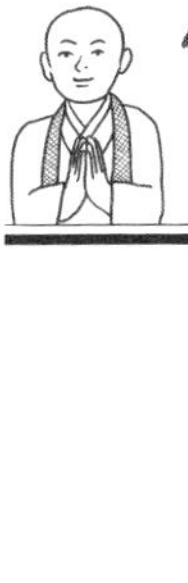

【陽人和尚からの一言】

「不得意があって当たり前。人は皆、補い合いながら生きています。そのことに気付きましょう！」

人にはそれぞれ持って生まれた個性というものがあります。そのため、得意なことや不得意なこと、好きなものや嫌いなものなど、人によっても様々です。

まずは、自分自身でそのことを受け入れてみてください。不得意や苦手なものがあってもいいのです。それが個性です。

人は皆、補い合いながら生きています。

気が付いていないかもしれませんが、自分ができないこと、不得意なことを誰かが補ってくれています。反対に自分ができることは誰かの助けになることもあります。

そのように考え、日々行動してみてください。すると次第に柔軟な考え方が身についてくるのではないでしょうか。

また、相手に求めすぎる点は、意識して抑えた方がよいかもしれませんね。大人もそうですが、特にお子さんは、個性をつぶしてしまうことになり、その結果、柔軟な心が養えません。

「一人ひとり違って当たり前。同じ人間などいない」ということ。そして、「人は皆、補い合いながら生きている」ということを、忘れないでください。すると、考え方そのものが柔軟になり、自分の理想を家族にぶつけてしまうというような場面も、少なくなっていくのではないでしょうか。

【法話6】

世界最古の木造建築から学ぶ「柔軟性」とは

わたしが副住職を務める須磨寺の現在の本堂は、西暦一六〇二（慶長七）年に豊臣秀頼公の寄進により再建されたと伝えられています。

再建から約四百年が経つ中で、過去に三度の大改修工事が行われています。近年の改修工事は二〇〇〇年から二〇〇三年にかけて行われました。

その時、改修工事に携わった宮大工さんのひとりが、大変感心しながら、現・小池弘三住職に、こうおっしゃったそうです。「この本堂は、木の性質をよく生かして建てられている」と。

木造建築は、年数が経つほど木が堅くなり加工が難しくなるそうです。

しかし、大工が木の性質を十分に読み取り、「あるがまま」を生かして建てた建物は、数十年、数百年経っても鉋《かんな》や鑿《のみ》が入り易く、加工し易いのだそうです。

たとえば、建物の南側には山の南側に生えていた木を使い、北側には北側に生えていた木を使う。それが、木自身が本来持つ、自然な性質を最大限に生かすことになるからだといいます。

反対に、木の性質を考えずに建てられた建物は、鉋が入らないほど堅くしまったり、反り返ったりしてしまい、加工しにくくなってしまうそうです。

◇◇◇◇◇◇◇◇◇◇◇◇◇◇◇◇◇◇◇◇

【仏教の豆知識】

「柔軟」は、仏教では「にゅうなん」と読み、法華経（初期に成立した代表的な経典）の中に「質直意柔軟《しつじきいにゅうなん》」とあります。

これは、「柔」も「軟」も「やわらか」と読みますが、「まっすぐで素直な心というものは、弾力性のある柔らかな心の状態のことである」という意味です。つまり、物事を正しく理解し、「あるがままに受け入れることのできる広く大らかな心の状態のこと」を意味しています。

◇◇◇◇◇◇◇◇◇◇◇◇◇◇◇◇◇◇◇◇

宮大工さんはこうもおっしゃっていたそうです。

「人間に置き換えてみてもそうだと思いませんか。個性を尊重して育てられた子どもは、他人の意見に素直に耳を傾けることのできる、柔軟な考えの大人になっている場合が多いのではないでしょうか」。

これを裏付けるような話が、世界最古の木造建築「法隆寺」にもみられます。

＊＊＊

法隆寺の棟梁を務めた宮大工の故・西岡常一《にしおかつねかず》師（一九〇八〜一九九五年）は、著者である『法隆寺を支えた木』（ＮＨＫブックス／ＮＨＫ出版）の中で、次のように語っておられます。


（中略）わたしたちは木のくせを見抜き、どこを、なにに、どう使うかきめます。

木のくせはまず、ねじれと「反り」です。おなじ種類の木でも、山の頂上、中腹、谷、斜面の角度、北および西側、南および東側、風あたりの強弱、植生の疎密などで、反り、硬さ、軟らかさはもとより、材質はさまざまです。右に反る木に、おなじ力で左に反る木を組み合わせれば、左右に働く力が釣合って、塔がねじれたり、傾くことはありません。（中略）

一本の木でも、樹心を境にして南側と北側では、材質にこれまで述べたような差が見られます。枝は南東側に多く出ますから、節が多いわけです。ですから、大木を芯から四つ割にして使う場合には、南東側の二本を柱などに、北西側の二本は材質を見て、軸部材にするか造作材にするかをきめます。四本とも柱にする場合でも、南東側の節くれ立った二本は建物の南東側に、北西側の素直な二本は北西側に使わないといけません。建物の木になっても、育った山の条件によるくせを持ち続けるからです。（『法隆寺を支えた木』ＮＨＫ出版／西岡常一、小原二郎著／65〜66ページより引用）

木の持つ癖をうまく生かすこと。ねじれたものを真っ直ぐに整えてから使うのではなく、ねじれという特徴を知り、理解したうえで、適所に使用することがいかに大事か、ということです。

適材適所。それぞれの性質を活かし、融合してこそ、強靭なものとなる。そして、この原理は、わたしたち人間社会にも当てはまるということを、西岡師は教えてくださっています。

わたしの場合、まだまだ柔軟さに欠けるところがありますが、この話を知って、両親に少なからず感謝の念をいだきました。というのも、小さい頃を思い出すと、「人と同じことをしろ」とか「隣の子を見習え」などというような言

【仏教の豆知識】

弘法大師様の教えに、「如実知自心《にょじつちじしん》」というものがあります。

これは、「あるがままに自らの心を見る」という意味です。つまり、「生きるということは、ありのままの自分の心を知り、受け入れることから始まる」という意味です。

葉を、わたしは両親から、一度も言われたことがなかったからです。両親は、わたしの個性を尊重し、のびのびと育ててくれました。

柔軟性を養うには、個性を尊重することが大事です。個性を尊重することで、ありのままの自分を受け入れられるようになっていくからです。その結果、いろいろな人の意見に、素直に耳を傾けられるようになっていくのではないでしょうか。

世界最古の木造建築「法隆寺」が、柔軟性の意味をわたしに改めて教えてくれました。

【仏教の豆知識】

「ものの情《こころ》ひとつならず、飛沈性異《ひちんせいこと》なり」。

これは、弘法大師様の言葉です。

「この世に生きるものたちの心情はひとつではない。鳥は飛び、魚は沈み、その性質は、それぞれ皆異なる」という意味です。つまり、「皆、生まれ持った独自の性質がある。柔軟な心で、それを生かしてこそ、強靭なものとなる」ということを、教えてくださっています。

「らしさ」にとらわれ過ぎると「ありのまま」を失う

「○○らしさ」という言葉は日常でもよく使います。自分らしさ、男らしさ、女らしさ、父親らしさ、母親らしさ、大人らしさ、子どもらしさ……。あげればきりがありません。

自然にとった行動が、「○○らしい」と言われ、称賛されることは素晴らしいことです。しかし、自分で「○○らしくいなければいけない」と思った瞬間、急に息苦しさを感じることはないでしょうか。

たとえば、自分が考える「自分らしさ」にとらわれ過ぎるあまり、自分で自分を雁字搦めにしてしまってはいませんか。

仏教の教え「諸法無我《しょほうむが》」（148ページ参照）では、あらゆる苦しみは「『自分』というこだわりから生まれる」と説いています。つまり、「自分らしさ」

を求め過ぎてしまうと、時に自分自身を擁護したり、偽ったりしなければならない状況が生じ、本来の自分自身と少しずつズレが出てきてしまいます。そんな状況が増えると、自分でも気が付かないうちに「ありのまま」ではいられなくなっていき、苦しいと感じることが増えていってしまうのです。

「らしさ」には、それを求め過ぎてしまうあまり、ありのままの自分を否定してしまう危険性があるのではないでしょうか。

最近、「多様性に富んだ社会」という言葉が使われるのをよく耳にします。それは、「一人ひとり皆違い、その違いを認め合うことのできる社会」

【仏教の豆知識】

弘法大師様の言葉に、「無我の大我」というものがあります。

この言葉は、「『これが自分、これが自分のもの』ととらわれ過ぎてしまうと、人は苦しみを抱えることになる」という意味です。つまり、「わたしたちは、『自分らしさ』にこだわればこだわるほど、自分で自分自身を苦しめることになってしまう」ということを教えてくださっています。

のことだとわたしは思います。

わたしたちが暮らすこの社会も、あらゆる人が、のびのびと暮らすことができる多様性に富み、調和のとれた社会であってほしいと願います。そのためには、自分にも他者にも、「らしさ」を押し付けないことが大切なのではないでしょうか。

現代人こそ噛みしめたい、「曼荼羅」の意味

「曼荼羅」というものを、みなさんも一度はご覧になったことがあるのではないでしょうか。真言宗のお寺には、ご本尊様をお祀りする本堂の奥に、必ずこの曼荼羅が掛けられています。曼荼羅という言葉には、もともと円とか、集まりといった意味があります。

曼荼羅とは、仏教の中でも特に、密教の教えである仏様の世界観を絵に表し

たものです。いくつかの種類があり、宗派などによって、その絵柄や世界観に違いがあります。

代表的なものに、慈悲の世界を表した「胎蔵界《たいぞうかい》」と、知恵の世界を表した「金剛界《こんごうかい》」があります。

このふたつは、どちらも大日如来様を中心としたもので、ふたつで一対とされており、合わせて「両界曼荼羅」と呼ばれています。

「両界曼荼羅」もそうですが、曼荼羅には、たくさんの仏様が描かれています。そしてこの仏様には、ふたつの大きな意味があります。

【仏教の豆知識】

「胎蔵界」とは、子どもが母親の胎内で育つように、大日如来様の慈悲により、本来存在している悟りの本質が育ち生まれてくる、という意味です。

「金剛界」の金剛とは、ダイヤモンドを意味し、大日如来様の智慧が堅固な悟りで、何ものにも傷ついたり揺らいだりしないことを表わします。

密教では、大日如来様を「すべての徳を得た仏様」とし、あらゆる仏様の根本であると考えます。お釈迦様が悟を開かれ、作られた仏教ですが、その象徴として大日如来様が存在しているのです。

ひとつは、「多様性」の教えという意味です。

曼荼羅に描かれている仏様は、大日如来様を中心に、すべて姿が違います。とてもたくさんの仏様が描かれていますが、すべて違います。ひとつとして同じ姿の仏様はいません。

これは、われわれ人間に置き換えることができます。わたしたちは皆、姿かたちが違います。この世の中に、ひとりとして同じ人間はいません。つまり、曼荼羅は、わたしたち一人ひとりは「違っていて当たり前」ということを教えてくれています。


もうひとつ、曼荼羅が意味するものは、「平等」の教えです。

一人ひとり違っていて当たり前のわたしたちは、その違いを個性ととらえ、皆、平等に生きる意味が与えられています。

曼荼羅に描かれているたくさんの仏様は、すべて大日如来様の命をいただいて存在しています。たどって行くと、皆、大日如来様に行き着くのです。皆、同じひとつのところから誕生しているということです。つまり、「皆、同じように認められる存在である」ということを意味しています。

それは、われわれに置き換えても同じです。

そういうとピンとこないかもしれませんが、自分の親、その親、またその親とたどっていくと、最終的にひとつの命にたどり着きます。つまり、われわれは皆、同じひとつの命から繋がって、今ここにいるということです。

【仏教の豆知識】

大日如来様のほかに曼荼羅には、釈迦、阿弥陀、薬師などの如来、観音、地蔵、文殊、弥勒などの菩薩、不動や愛染などの明王といった、個性あふれる無数の仏様が描かれています。

すべての仏様において、表情や服装、身に付けているもの、手のかたちなども異なり、意味することも異なります。

たとえば、慈悲を象徴する蓮の花を持ち迷える衆生を手招きする観音様の姿は、優しさを意味します。また、煩悩や執着を剣で切り裂き炎で清浄にするお不動様の姿は、罪の戒めを意味しています。

以前、アメリカ合衆国大統領D・トランプ氏の「異質なものを排除」しようとする発言が話題となりました。

「アメリカ・ファースト」というスローガンとともに打ち出された、自国中心主義のことです。アメリカだけの国益、アメリカ人だけの利益を最優先するという考え方です。

多種多様な人々が存在している世界において、このような極端な考え方は、わたしには危険な気がしてなりません。


人種や政治の問題は、たいへん複雑で、一言では語ることはできませんが、自分と違うものを遠ざけようとする考え方は、いつかひずみとなって現れるのではないかと、心配でなりません。

＊＊＊

お釈迦様がお生まれになった約二千五百年前のインドでは、カースト制度という厳格な社会階級による身分の格差がありました。階級によって、教育や職業が制限され、決してその階級を超えることはできませんでした。所属する階級によっては、結婚や食事にも影響が出ることもありました。

そのような厳しい身分制度が当たり前のこととして存在していた時代に、お釈迦様は、「人間は生まれによって決まるものではない」ということを説き続けられました。

人は皆平等であり、命は皆尊いということを理解できれば、あらゆる命を自分の命と同じように大切にすることができるはずです。

たくさんの仏様が描かれた曼荼羅を前に、わたしはそのように思います。

コラム 6

【YouTube法話の裏側2】

視聴してくださる方々からの声に励まされ、今日も配信を続けています

「YouTube法話」を始めてから二年以上が経ちますが、有り難い反響もたくさん届いています。

原因の分からない進行性脳血管閉塞症を患う四十代の女性の方は、入院中にわたしの動画を知り、毎日のように見てくださるようになったそうです。そして、すべての法話動画を繰り返し見るうちに、「小池さんに元気をもらいました！」と、明るい表情になられたといいます。今では退院され、須磨寺で行われる護摩の法要に、明石から毎月来てくださっています。また、高齢で頻繁にお参りできなくなった檀家さんからは、「動画を見るとお参りした気分になる」と声をかけていただくことも多くなりました。

皆さまからの言葉を聞いて、「お寺まで足を運べない方に、仏教の教えを伝えることができる」というのも、この動画配信の大切な意味なのだということに、あらためて気付かされました。

ひとりでも多くの方に仏教の智慧を知ってもらい、仏教が人生の良き道標となり、支えとなることを願ってやみません。

動画を見るだけでお参りした気分が味わえるよう、目の前の方に語り掛けるような口調にしています。

第3章

「ストレスを感じた時」に読みたい3つの法話

愚痴は良いもの悪いもの？

気持ちが充たされない時

イライラをなんとかしたい

愚痴は良いもの悪いもの？

【お悩み】

「愚痴を言うことが習慣化し、やめることができません。ストレス発散のつもりなのですが……」

（43歳／女性）

十年前に結婚し、四年前に次男が生まれたことをきっかけに、義母が一人で暮らす夫の実家に家族で住むようになりました。しかし、しばらく同居してみると、義母とは何かと意見が合わず、同居を後悔することもしばしば。子育てから生活習慣まで、いろいろと小言を言われる毎日です。

言い返すこともできず、最近は毎日のように友人や妹に、義母についてグチグチ言うようになってしまいました。気が付けば、息子の前でも愚痴っているようで、夫に注意されることもあります。

愚痴を言うことが習慣化してやめることができません。ストレス発散のつもりなのですが、それでもやめた方がよいでしょうか？


生活リズムが異なる人との同居は、予測のできないことも多く、戸惑う気持ちよく分かります。小さなことが積み重なり、ストレスを感じて、つい愚痴っぽくなってしまっているのかもしれません。

わたしも、ストレスを感じた時などに愚痴を言いたくなることがあります。【法話7】では、言葉について仏教的な視点からお話しさせてください。

【陽人和尚からの一言】

「愚痴は、習慣化すると新たな悩みを引き寄せる結果にも。少しでも減らす努力を」

気持ちを切り替えることを目的に、たまに愚痴を言うくらいならいいと思うのですが、それが毎日となると……。

愚痴を言うことで、あなたはストレスを発散したと思っているかもしれません。しかし、実は「すべて吐き出した」と思っていても、当然のことながら愚痴を言うだけでは問題は解決しません。その場ではすっきりしたように感じるかもしれませんが、何かのきっかけでまた顔を出し、あなたを悩ませることもあります。

加えて、あなたの発した愚痴は、それを聞いた人に嫌な感情を抱かせてしまうこともあり、やがてその感情は、回り回って必ずあなたに戻ってきます。すると次第に「あなた＝嫌な感情」と認知され、周囲があなたから距離を置くなんてことも。愚痴をこぼしたことにより、違う悩みを引き寄せる結果にもなりかねません。

愚痴を減らすためにも、旦那さんと相談して、義母との同居をやめるなど、できるところは改善したほうがよいかもしれません。

変えられないところはあきらめ、変えられるところで充実させるようにしてみてはいかがでしょうか。

【法話7】

発した負の言葉によって、悩みが生まれる

生きていると、愚痴を言ってしまうこともあると思います。

愚痴を言うと一瞬、心が軽くなるように感じることがあるので、愚痴は習慣化しやすいように思います。

しかし、その場ではすっきりしたように感じるかもしれませんが、愚痴を言うだけでは、もちろん問題は解決しません。何かのきっかけでまた顔を出し、あなたを悩ませるのです。

わたしたちは愚痴を言う度に、自分の心を傷つけてしまっていることに、気付いているでしょうか。愚痴を言う度に、心の傷は深くなり、何でもない時にも痛みを発信し続けるようになってしまいます。
　そうなると苦悶顔が多くなり、人を寄せ付けず、とうとう誰も自分の痛みを理解してくれない負の連鎖に陥ってしまいます。

　しばしば、自らが発した負の言葉（愚痴）が原因となり、新たな悩みを生み出してしまうことがあります。
　嘘・悪口・愚痴などは相手を傷付けるだけでなく、自分の心も劣化させてしまうので、習慣化する前に、気を付けたいものです。

【仏教の豆知識】

　愚痴、つまり「痴《ち》」は、仏教が説く「三毒」のうちのひとつです。三毒とは、人間の三大煩悩つまり、三大欲「貪《とん》」「瞋《じん》」「痴」のことをいいます。
　「貪」は、文字通り、貪りを意味し、「貪欲」とも言い換えられます。「瞋」は、怒り・憎しみ・妬みの心を意味します。そして「痴」は、「教えを知らない無知な状態」のことを言い、それと同時に「嫉妬（言っても仕方ないことをくどくどと語ること）」という意味もあります。仏教では、「愚かなもの」とされます。

言葉とは、わたしたちの心にとても大きな影響を与えるもの

近年、急速にインターネットが普及したことで、匿名で、誰でも世界に向かって、好きなことを言えるようになりました。

インターネットを使って発言する人の中には、深く考えずに、誹謗中傷などの悪い言葉を使う人も増え、それによって、簡単に悪い言葉が、多くの人の目に触れる機会が増えてしまいました。

悪い言葉が世の中に氾濫していることは、いつの間にか人々の心に悪い影響を及ぼし、そのことが世相を乱すひとつの大きな要因となっているのではないかと、わたしは思います。

＊＊＊

須磨寺の参道、三重塔手前には、五匹の猿をモチーフにした像があります。

これは、前・小池義人住職が作ったものです。「見ざる（猿）」「言わざる（猿）」

「聞かざる（猿）」「怒らざる（猿）」「見てござる（猿）」と、猿に重ね合わせながら、それぞれに大切な意味が込められています。

最後の「見てござる（猿）」とは、「見て御座る（見ていらっしゃる）」という言葉にも置き換えられます。ここでは、須磨寺のご本尊様でもある「観音様（聖観世音菩薩像）」が、見て御座る」ということを意味します。つまり、その名のごとく、「観音様がいつも、わたしたちのすべてを見守ってくださっている」という意味です。

【仏教の豆知識】

経典『スッタニパータ』の中に、次のような言葉があります。

「人は、口の中に斧を持って生まれてくる」。これは、「言葉ほど、扱いを気を付けなければいけないものはない」ということを意味しています。つまりお釈迦様は、この言葉を通して、「言葉は非常に人を傷付けやすいものであるから、発する際は慎重にならなければならない」ということを教えてくださっているのです。

わたしたちは、観音様が見守ってくださっていることを意識して、普段から良い行いを心がけなければなりません。わたしも、修行道場に居た当時は、「仏様は、いつもわたしたちを見ておられます。仏様に褒められるような行動を心がけなさい」と、よく言われました。これはなかなか難しいことです。そして、「見ざる（猿）」「言わざる（猿）」「聞かざる（猿）」「怒らざる（猿）」の四匹は、「仏様に褒められる行動」を示しています。

「見ざる　言わざる　聞かざる」の三猿は、日光東照宮の彫刻でも有名ですが、その意味は「他人の悪を見て見ぬふりせよ」ということではなく、「他人の悪いところを見ない（あら探しをしない）、他人の悪口を言わない、他人の悪口を聞かない」という自戒の念を意味しています。加えて、「怒らざる」は、何事にもイライラせず、怒らないという意味です。

あらゆる情報があふれている現代では、三猿の教えがとても大切な意味を持ちます。つまり、「間違った情報を見ない、間違った情報を言わない、間違った情報を聞かない」ということに、置き換えられるのではないでしょうか。

＊＊＊

言葉とは、わたしたちの心にとても大きな影響を与えます。

かつては、相手を傷つけてしまうような言葉は、口にしないことが当たり前であったはずです。

しかし、ＳＮＳやメッセージアプリなどを使ったインターネット上での書き込みには、誰のものか分からない無

【仏教の豆知識】

お釈迦様は、心が乱れた時こそ、「言葉」を清めなさいとおっしゃいました。

「心が乱れていても、優しく正しい言葉を使う努力をする。そうすれば、いつしか、優しく正しい心となっていく」。それが、お釈迦様の教えです。

「言葉を磨くことが、自分自身を磨くことにも繋がる」ということを教えてくださっています。

責任な言葉も多く存在します。その中には、誰かを傷つけたり、悲しませたりする言葉も含まれます。

わたしも、YouTubeやSNSで言葉を配信する際には、わたしが発した言葉によって、傷つく人や悲しむ人が出ないように、細心の注意を払っています。

＊＊＊

以前、YouTubeで「思い通りにならないそれが人生」（法話9「気持ちが充たされない時」／150～165ページ参照）という法話を配信した際に、視聴者の方から、死を意識するようなコメントをいただいたことがあります。コメントを読んだ瞬間、ハッとしてしまったことを思い出します。

「幼少期に受けた虐待のこと、職場での人間関係がうまくいかないことなど、人生苦しいことの連続で、生きているのが辛い」という内容でした。

この方は、わたしの動画を観て、須磨寺に会いにも来てくださいました。そして、「この動画を観たことで、須磨寺に足を運ぶことができた。結果、死にたいと思い詰めていたが、思いとどまることができた」とおっしゃっておられました。

この出来事は、言葉が人に与える悪い影響とは反対の体験になりますが、わたしがYouTubeを使って発した言葉が、遠く離れた人にも深く影響することを、ダイレクトに感じた瞬間でした。

「心が乱れた時」こそ、言葉を清めるように心がける

お釈迦様がおられた、今から約二千五百年前のインドでは、まだ文字の文化がありませんでした。つまり、人が人へ思いを伝える手段は、口から発する言葉だけでした。

それゆえ、お釈迦様は、わたしたちの使う言葉が、発し方や表情などの違いにより、誤解を招きやすいものであるから、扱う際は最新の注意を払わねばな

らないことを、深く知っておられました。

お釈迦様が説いた十善戒《じゅうぜんかい》（仏教における十悪を否定形にして戒律としたもの）の中には、行動・言葉・心に対する戒めがあります。

「行動の戒め」が三つ、「言葉の戒め」が四つ、「心の戒め」が三つ。合わせて十の戒めで、十善戒。

●行動の戒め
不殺生《ふせっしょう》…故意に生き物を殺さない
不偸盗《ふちゅうとう》…与えられていないものを自分のものとしない
不邪淫《ふじゃいん》…不倫など道徳に外れた関係を持たない
●言葉の戒め
不妄語《ふもうご》…嘘をつかない
不綺語《ふきご》…理にかなわないことを言わない

不悪口《ふあっく》…悪口を言わない
不両舌《ふりょうぜつ》…二枚舌を使わない

●心の戒め

不慳貪《ふけんどん》…激しい欲をいだかない
不瞋恚《ふしんに》…激しい怒りをいだかない
不邪見《ふじゃけん》…因果の道理を無視した誤った見解を持たない

このように、十善戒の中でも、言葉の戒めが四つを占め、いかにお釈迦様が言葉の暴力を戒めていたかが分かります。

言葉は大変便利なものであると同時に、使い方を間違えば、人の心を切り裂く凶器にもなってしまいます。

まさに「口は災いの元」です。

乱れた言葉を発したことによって生じてしまった心の乱れを、平常心に整えることは至難の業です。

ですが、普段まったく愚痴を言わないというのは、難しいことですよね。それだけを守ろうとすれば、反ってストレスが溜まってしまいます。

わたしの場合、愚痴をこぼしてしまった後は、「あぁ、愚痴を言ってしまったな……」と反省し、その分「少しでもきれいな言葉を使っていこう!」と思いを新たにするようにしています。そして、これを意識し、続けることが大切です。

するといつの間にか、愚痴を言う機会が減り、それと同時に、心が乱れる瞬間も減っていくのではないでしょうか。

コラム

7【お釈迦様と仏教1】

釈迦族の王子として生まれたお釈迦様。何不自由のない幼少期を送っていたが……

仏教を開かれたお釈迦様は、約二千五百年前のインドに実在した人物です。俗名は「ゴータマ・シッダールタ」といい、ヒマラヤ山脈の麓、現在のネパール南部・タライ盆地にあったカピラバストゥと呼ばれる都城の、釈迦族の王子としてこの世に生を受けました。（お釈迦様の誕生を祝って、毎年、須磨寺でも、お生まれになったとされる四月八日に「花まつり」が行われます。）多くの部族王家が、分立していた時代のことです。ブッダとも呼ばれることがありますが、これは悟りを開いた人を意味する称号です。

お釈迦様は釈迦族の王子として、何不自由のない幼少期を送られていました。しかし、生後間もなく産みの母を亡くしたこともあり、「生・老・病・死」という、命あるものならば誰もが避けて通れない問題について、次第に苦悩するようになっていったといいます。十六歳で隣国の王女と結婚し、父親にもなりますが、その悩みは解決するものではありませんでした。

そして、ある出来事をきっかけに、お釈迦様は「出家」を決意したといわれています。生・老・病・死にまつわる、「四門出遊」という話が残っています。城の東西南北の四つの門から外へ出た際の出会いによって、お釈迦様の人生が大きく変わったという話です（「四門出遊」は149ページ参照）。

気持ちが充たされない時

【お悩み】

「仕事や家事に追われる日々で、気持ちが充たされません。そのため、やる気も起きません」

（45歳／女性）

毎日、仕事や家事に追われ、余裕がまったくありません。そのため気持ちも充たされず、モヤモヤしたままやる気も起きません。ただこなす毎日です。

おまけに、気分転換と称し、つい衝動買いしてしまう始末……。夜な夜なインターネットで買い物をしてしまっています。すると、あれもこれも欲しくなってしまい、エスカレートするばかり。食べ物や服がどんどん増えてしまい、部屋も散らかりっぱなしの状態です。そんな中にいると、さらに落ち込みます。

こういう時は、友人とおしゃべりをしたり、趣味に没頭したりするのがいいのかもしれませんが、人と会うのも億劫、これといった趣味もありません。どうしたらいいのでしょうか？


今のあなたは、仕事や家事に一生懸命取り組むあまり、気持ちが雁《がん》字《じ》搦《がら》めになっているのではないでしょうか。休むことなく次から次へとやることがあふれる状況では、誰しもそのような気持ちに陥ってしまいがちだと思います。

【法話8】では、かつて、すべてを捨て、須磨寺で寺男として過ごした尾崎放哉という俳人について、少しお話しさせてください。

【陽人和尚からの一言】

「一度歩みを止めて、心身ともにゆっくり休んでみるのがよいでしょう」

日本には四季というものがありますが、人生もそれと同じだと考えてみてはいかがでしょうか？

一年には、寒い日もあれば暖かい日もあります。人生にも、心が寒い日もあれば温かい日もある、充たされない日もあれば充実した日もあるのではないでしょうか。

今のあなたは、仕事や家事に一生懸命取り組むあまり、ストレスが溜まっているのかもしれません。

インターネットでの衝動買いは、隙間時間さえあればできるので、中毒化しやすいように思います。一度、部屋の中に散らかる購入物を見渡し、事実をしっかり自覚してみることが必要です。

そして、この状況から抜け出すためにも、何もしない日を作ってみてはいかがでしょうか。一日が難しいなら、半日でも効果はあるかもしれません。

大正時代の俳人で、尾崎放哉という人がいます。荒れた人生から抜け出すために、すべてを捨て寺男となった人です。

一度立ち止まり、何もしない（何も持たない）時間を過ごすことで、自分がどれだけ頑張っていたか、客観的に見えてくるのではないでしょうか。普段の自分を再認識することが、気持ちの変化となって現れ、次第に気の許す友達に会ってみようかなとか、映画を観に行こうかなとか、思えるようになってくるかもしれません。

【法話8】

自分の暮らし方を省みて「本当に必要か」考える機会を持つ

現代社会を生きるわたしたちのまわりには、物があふれています。安価でバラエティに富んだ物が次々に売り出され、わたしたちの購買欲を刺激し、尽きることがありません。

物があふれた生活は、豊かに感じられる一面もありますが、それが過ぎると、本当に大切な何かを、埋もれさせる結果にもなりかねません。

また、刺激された購買欲は、放っておくと、「今度は違う種類がほしい」とか、「あれが手に入ったらもっと良くなるはず」といったように、自分勝手な理由を付けては、どんどん大きくなる特性を持っています。

大きくなった欲は、エスカレートする一方です。その結果、手に入れても手に入れても、どこか充たされないという状況に陥ってしまいます。

こんな時は、一度立ち止まり、自分の暮らしを省みることが必要です。

＊＊＊

仏教では、お盆に各地のお寺で「施《せ》餓鬼《がき》」という法要が執り行われます。

この行事は、先祖供養に加え、「今生きているわたしたちが、自分のことばかり考え、強欲になってはいないかを反省する」大切な機会でもあります。

わたしもこの法要に合わせ、強欲になっていないか、自分の暮らし方を省みるようにしています。

【仏教の豆知識】

「施餓鬼」とは、「餓鬼」に「施す」と書きますが、「餓鬼」とは、飢えと渇きの絶えない亡者の世界（餓鬼道）に苦しむ者たちのことです。

その餓鬼を、たくさんのお供え物とともに読経し、供養すること。また、功徳によって亡くなられたご先祖様をご供養することが、「施餓鬼」法要です。

お釈迦様は、生きている時に強欲だった人は、亡くなった後、「餓鬼道」に落ちてしまうと説かれています。

最近、「断捨離」や「ミニマリズム」という言葉をよく耳にします。必要最小限の物だけを所有し、それを大切にする暮らしぶりのことです。

これは、物にあふれた生活に疲れてしまった現代人が、行き着いた先の生活スタイルなのかもしれません。

何が本当に必要か考える機会は、乱れた心を整理し、自分の生き方を見直す良い機会に繋がると、わたしは思います。

【仏教の豆知識】

「断捨離」とは、多すぎる物・情報・関係などを断ち、捨て、離れることで、身のまわりや心を整理して、自分の生き方を見直すという考え方です。

インドのヨガの考え方に基づいているとされ、仏教の観点から見ても、「煩悩を断ずる」「布施する（ものを捨てる）」「執着を離れる」という教えに置き換えられます。

「施餓鬼」の法要のように、定期的に自分の暮らしを省みて、整理する時間を持つことは、人生に有効だとわたしは思います。

整理された心はすっきりと感じられ、日々充実して暮らしていけるのではないでしょうか。

手放すことで見えてくる本当に「大切なもの」

大正時代、自由律俳句の俳人で、尾崎放哉（一八八五～一九二六年）という人がおりました。

放哉は、当時としてはエリート中のエリートともいうべき東京帝国大学法学部を卒業し、ほどなくある生命保険会社の支配人となります。しかし、その勤めに急に嫌気がさし、会社を辞め、妻とも別れ、一切のものを放下してしまいます。

なにもかもを捨て、無一物（執着するべき物などひとつもないという意味）の生活に、自ら飛び込んでいきました。

晩年、放哉は、九か月ほどを須磨寺の大師堂に住み込み、寺男（寺で雑用をする使用人。この頃は、信心深く貧しい庶民がなることも多かった）として過ごしていきます。須磨寺時代以後の俳句には、特に心の澄み切った傑作が多いといわれています。

次の句は放哉の須磨寺時代の最高傑作といわれる俳句です。

こんなよい月を一人で見て寝る

【豆知識】

大学卒業後、保険会社の要人となった尾崎放哉ですが、金融恐慌や肋膜炎（多くは結核が原因で呼吸が困難になる病気）の発病により、次第に酒におぼれるようになっていったといいます。その後、荒れた生活から抜け出すようにすべてを捨て、放浪の旅に出ました。京都、須磨、小浜の寺院を転々としながら、莫大な数の俳句を詠み重ねました。

経験と才能から生み出される句は、今も読み継がれる傑作が多く、自由律俳句の代表的俳人として、種田山頭火と並び称されています。

「わたしはたった一人、寄り添ってくれる人はいないが、思えば、美しい月が、寄り添ってくれているではないか」という意味です。

しみじみとした感謝の心が伝わってきます。

孤独に身をおき、無一物の生活を送っていたからこそ、普通の人が見逃してしまう諸法無我の恵みに気が付くことができたのではないでしょうか。

立場やプライド、地位や名誉、お金や所有物によって、自分自身を雁字搦

【豆知識】

尾崎放哉が読んだ句「こんなよい月を一人で見て寝る」が刻まれた句碑は、一九五六年四月七日、須磨寺の境内に建てられました。今でも本堂向かって左側にひっそりと佇んでいます。放哉の師・荻原井泉水（一八八四〜一九七六年）が、その筆をとりました。

放哉が亡くなった三十三年後の命日に建てられた句碑

めにしてしまってはいませんか。「勝ち組」「負け組」などと、世間が決めた価値観に自分を当てはめて一喜一憂するのではなく、本当に大切なものは何か、その答えをしっかりと自分の中に持つことが大切です。すると、感謝の心で穏やかに生きていけると、わたしは思います。

人間は本来生きているだけで素晴らしく、有り難いものです。

仏教は、「手放す」ことで人生がより生きやすくなることを示しています。放哉のように無一物にはなかなかなれませんが、せめて生きていることへの感謝の心を、日々忘れずに暮らしたいものです。

【仏教の豆知識】

仏教の「諸法無我」の教えは、「すべての存在はもちつもたれつ、支え合いながら生きている」という意味です。

「誰も、たったひとりでは生きていくことなどできない。見えないものすべてに、感謝することが大切である」と説いています。

コラム
8 【お釈迦様と仏教2】

お釈迦様が残された仏教の出発点。生・老・病・死にまつわる「四門出遊」という物語

「四門出遊」とは、お釈迦様が城の東西南北の四つの門から外へ出た際、その出会いによって人生が大きく変わってしまったという物語です。

ある時、東の門から出ると、お釈迦様は老人と出会います。またある時、南の門から出ると病人に出会います。そしてまたある時、西の門から出ると死者と出会います。この出会いを通して、お釈迦様は、生きていればいずれ自分も年老いて、病気にかかり、死ぬのだということに気が付きます。それからというもの、その苦しみはいつもお釈迦様に付きまとい、お釈迦様は不安に苛まれました。そんなある時、北の門から出ると、出家したひとりの僧侶に出会います。お釈迦様は、その僧侶の悩みを超越した迷いのない姿に心を動かされ、悟りを求める決心をしました。そして、出家したと伝えられています。

生きていれば誰もが抱く「苦悩」を発端に、それを乗り越えるための「智慧」を説くものとして、仏教は開かれました。ひとりの人間としてのお釈迦様が、「苦悩から解放されるためにたどり着いた境地」だからこそ、約二千五百年経た今も、わたしたちに寄り添い、導いてくれるものとして存在し続けているのです。

イライラをなんとかしたい

【お悩み】

「両親の介護と娘の高校受験が重なり、自分の時間がまったくなく、イライラすることが増えました」

（49歳／女性）

八十四歳になる実父と同居しています。父は身体に悪いところはないとはいっても高齢なので、ヘルパーさんと分担して世話をしています。最近は物忘れがひどく、認知症が進行していると医者に言われました。昔から頑固な性格だったのですが、認知症の影響か、ここにきてさらに頑なになってきたようです。部屋は散らかしっぱなし、お風呂にもあまり入ってくれないなど、こちらが望むようには動いてくれません。受験を控えた中学生の娘の成績も今ひとつで、顔を合わせれば勉強するようにガミガミ言ってしまいます。満員電車や行列、どこへ行っても人や物があふれる都会での暮らしにも疲れを感じ、イライラすることも増えました。気持ちをうまく切り替えたいのですが……。

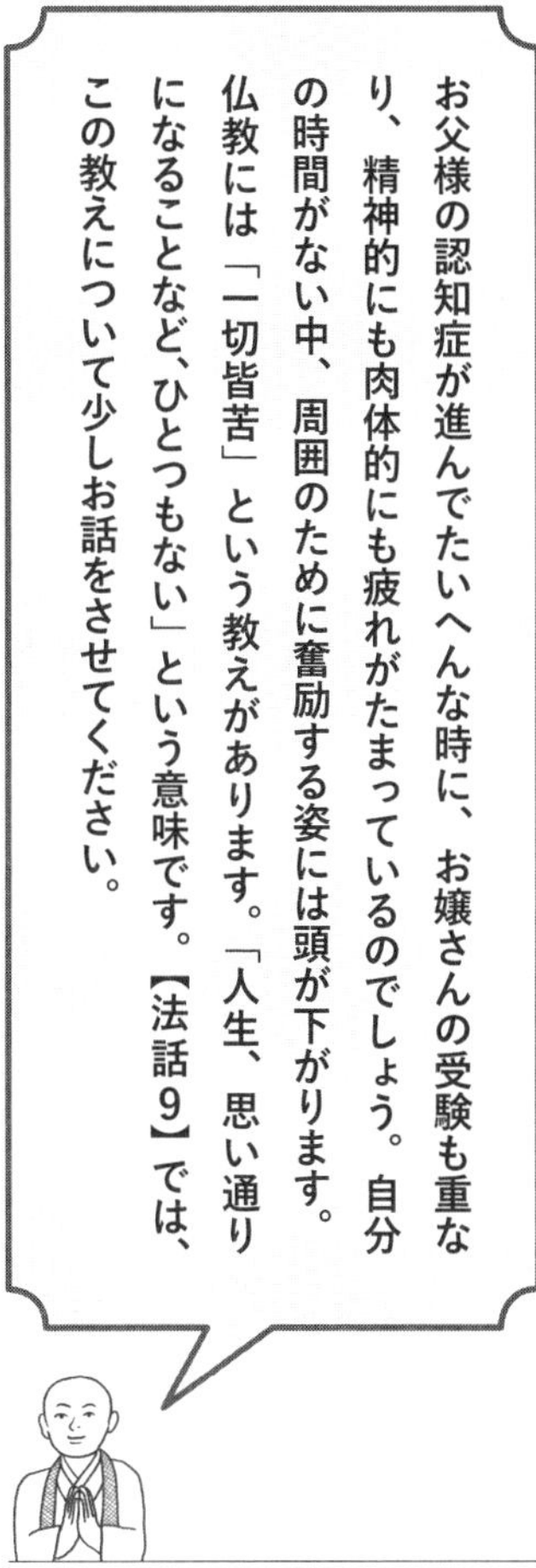
お父様の認知症が進んでたいへんな時に、お嬢さんの受験も重なり、精神的にも肉体的にも疲れがたまっているのでしょう。自分の時間がない中、周囲のために奮励する姿には頭が下がります。
仏教には「一切皆苦」という教えがあります。「人生、思い通りになることなど、ひとつもない」という意味です。【法話9】では、この教えについて少しお話をさせてください。

【陽人和尚からの一言】

「物事をネガティブに考え過ぎないようにしてください。発想の転換が必要です！」

思い詰めて、なんでもネガティブに考えてしまうと、物事はどんどんそちらに引っ張られてしまいますので、こういう時は、発想の転換が必要です。

仏教の教えに「一《いっ》切《さい》皆《かい》苦《く》」というものがあります。これは、「人生、思い通りになることなど、ひとつもない」という意味です。なかなか難しいとは思いますが、一呼吸おいてから、この言葉を噛みしめてみてください。

幼い子どもは自分の思い通りにいかないことがあると駄々をこねますが、それと同じように大人になっても思い通りにならないことに遭遇すると、悩んだり、落ち込んだりする人も多いと思います。もしかすると、それは素直な反応かもしれません。

しかし、「人生、思い通りになることなど、ひとつもない」ということは現実です。人生には、辛いことも起きますが、予期せぬ面白いことも起きます。大変なことが多いほど、喜びや幸せに出会った時、それを何倍にも感じることができるのではないでしょうか。

【法話９】

「人生は思い通りにならない」そのことのほうが普通

わたしたちの生活において、便利で快適になればなるほど、「思い通りになること」がどんどん増えてきています。

スイッチひとつで部屋は涼しくなったり暖かくなったり、車や電車、飛行機に乗れば短時間で遠くまで行くことができます。インターネットがあれば、なんでもすぐに調べることができ、携帯電話があれば、いつでもどこにいても話したい人と話ができるようにもなりました。

このような環境に常に身を置いていると、わたしたちは、「思い通りになること」にあまりにも慣れてしまい、そのことの有り難みが分からなくなってしまうのではないでしょうか。

「思い通りになること」が、常に「当たり前」だと思ってしまうと、不意に、「思い通りにならないこと」にぶつかってしまった時、人は必要以上に焦ってしまい、怒ったり、憤りを感じたりしてしまうものです。


リモコンの電源が入らない……。

急いでいる時に限って、電車が遅れる……。渋滞に巻き込まれる……。

電話した相手に繋がらない……。

インターネットになかなか接続できない……。


【仏教の豆知識】


「一切皆苦」とは、「人生は思い通りにならない、そのことのほうが普通である」という意味です。

「一切皆苦」の「一切」とは、わたしたちの人生に起こること、すべてを指します。それらは皆、「苦」であるという教えです。仏教の教えの中でも根本思想をなす大切なものです。ここで言う「苦」は「苦しみ」という意味ではありません。「思い通りにならない」という意味です。

そのような時に、怒りが対象へと向い、爆発しそうになった経験が、わたしを含めて皆さんにもあるのではないでしょうか。

こんな時わたしは、気持ちをクールダウンする意味を込めて、仏教の教えの原点でもある「一切皆苦」という言葉を思い出すようにしています。

約二千五百年前のお釈迦様がおられたインドで、この教えの意味に共感する人は、多かったでしょう。なぜなら、飢えや病気、争いなど、当時の人々の人生は、まさに思い通りにならないこと、苦難の連続だったからです。

仏教では、わたしたちの「人生に起こる苦しみのこと」を、「四苦《しく》」といいます。

「生まれてきたこと」これは選択の余地はありません。

「老いること」抗っても日々、誰もが老いていきます。

「病むこと」病気にならない人はいないでしょう。

「死ぬこと」すべての人に、死は必ず訪れます。

　これらは、この世に生まれてきた皆が、必ず経験することです。絶対に避けては通れない苦しみです。

　そして、これらの苦は、自分の意志ではどうすることもできないことです。つまり、「自分の意志では、どうすることもできないことばかり起こるのが人生」なのです。

　難しいことですが、それを受け止めることから、人生は始まるのではない

【仏教の豆知識】

　仏教では、わたしたちの人生に起こる「苦」を、「四苦八苦《しくはっく》」に分類しました。人間の根本的な苦悩を意味する「四苦」に次の四つを加えて、「四苦八苦」といいます。
愛別離苦《あいべつりく》…愛する者と別れる苦しみ
怨憎会苦《おんぞうえく》…怨み憎しむ者に会う苦しみ
求不得苦《ぐふとくく》…欲しいものを手に入れることができない苦しみ
五蘊盛苦《ごうんじょうく》…人間の身心を形成する物質的、精神的現象から苦しみが盛んになること

でしょうか。わたしはそのように思います。

間違いを起こさないためには、「あるがまま」を受け止める

自分の意志では、どうしようもないことばかり起こるのが人生なのに、わたしたちは時として、それを受け止められないことがあります。

考えてみると、わたしたちは、「思い通りにならないこと」を「思い通りにしよう」とする時に、間違いを犯してしまうことが多いのではないでしょうか。

親が子どもを自分の思い通りにしようとするあまりに、子どもの気持ちを理解しようとせず、子どもが非行に走る。自分の思い通りにならないからと、他人を言葉や力でねじ伏せる。思えば、想定外の津波で起こってしまった原発事故も、人間が自然を思い通りにできると過信してしまった結果、起こってしまったのではないでしょうか。

わたしは、人が何かを「思い通りにしよう」とすること自体は、悪いことだとは思いません。何かをしようとする意志がなければ、人は生きていけないからです。

しかし、ここが重要です。「思い通りにならない」ということが分かった時は、素直にそれを受け入れる、「あきらめる」ということが非常に大切ではないでしょうか。

自分の思いばかりをぶつけるのではなく、相手の意思も尊重し、物事をあるがままに受け止める必要があります。

＊＊＊

小さな頃から「頑張ることが美徳」のように刷り込まれて育ったわたし

【仏教の豆知識】

「あきらめる」という言葉には「諦める」のほかに、「明らめる」と書いて「物事の事情・理由をあきらかにする」という意味もあります。

「人生を諦める」と考えるのではなく、仏教の教えを正しく認識する＝「人生を明らめる」と考えることにより、怒ったり、憤りを感じたりすることなく、生きていけるようになるのです。

たちは、「あきらめる」＝「悪いこと」のように思ってしまいがちです。
ですが、そうではなく、どうにもならないことに遭遇してしまったら、「執着しないこと」が大事だということです。

こだわらず、受け入れるのです。

初めは、こだわってしまうこともあるでしょう。しかし、少しずつでもよいので、受け入れてみてください。そうすることで徐々に、戸惑いや焦り、不安、イライラといった感情が抑えられ、心の中が整理されていくはずです。

＊＊＊

【仏教の豆知識】

お釈迦様は、「『無所有処定《むしょうしょじょう》』という境地に達することの大切さを説かれました。
「無所有処」とは、「何ものも真実には存在せず、見る自分（主体）と見られるもの（客体）の区別もない」という意味です。何事にもこだわらない心の在り方「無の境地」を示したものです。

弘法大師様の説かれた真言密教とは、どのような教えかということを説明するのに、ある例え話があります。

煩悩を雑草と考えた時、雑草を一つひとつ摘み取っていくことが、顕教《けんぎょう》（伝統的な大乗仏教）の修行である。

密教の修行とは、そこに大きな木を育てることである。木が枝を伸ばし、葉が生い茂るとやがて雑草に日は当たらなくなり、自ずと枯れていく。

この例え話が示す「雑草」とは、我々の自己中心的な欲のことです。こ

【仏教の豆知識】

仏教では、「因果応報《いんがおうほう》」という教えを説いています。

「因果」とは、「原因」と「結果」のことで、「どんな結果にも必ず原因があり、原因なしに起きる結果はひとつもない」ということを意味しています。「応報」には、「因果の道理を明らかにみる」という意味があります。

つまり、「善いも悪いも、自分が受ける結果のすべては、自分がその種をまいている」という意味です。

れを「小欲《しょうよく》」といいます。

そして「大きな木」とは、大慈悲心とも言うべき大いなる欲です。これを「大欲《たいよく》」と言います。「誰かを救いたい」「誰かの役に立ちたい」「誰かの支えになりたい」これらはすべて「大欲」といえます。

わたしたちは、煩悩を抱えて生きています。煩悩とは欲望のことです。弘法大師様は、すべての欲望を否定するのではなく、「小欲を捨て、大欲に立つ」ことの大切さを説かれました。

＊＊＊

仏教では、「思い通りにならないこ

【仏教の豆知識】


わたしたちは、感謝の気持ちを表す時、「ありがとう」という言葉を使います。自然に使っている言葉ですが、その語源は仏教にあり、法華経などの経典に説かれる「盲亀浮木《もうきふぼく》のたとえ」の一節からきています。

ある時、お釈迦様が弟子の阿難《あなん》に「目の見えない亀が、果てしなく広がる海の底から百年に一度、浮かび上がった拍子に、丸太ん棒の穴に頭を入れることがあると思うか」と問います。それに対し、阿難は驚いて、「そんなことは考えられません」と答えます。するとお釈迦様は「阿難よ、わたしたちが人間に生まれることと」を受け入れながら、それでも生きていくことの大切さを説いています。

苦しいと感じた時は、どうぞ「一切皆苦」という言葉を思い出し、物事の見方を変えてみてください。「思い通りにならないことのほうが普通」。そのような視点から物事を見るように心がけてみてください。

それができれば、当たり前のように感じているすべての事に対して、感謝の念が湧いてくるはずです。

家族みんなが、元気に暮らしていること。
会いたい人に会えること。

は、この亀が丸太ん棒の穴に頭を入れることよりも難しいこと。有り難いことだ」と返しました。

「有り難い」とは、「有ることが難しい」ということです。つまり、「めったにないこと」という意味です。「ありがとう」とは、「めったにないことに出会えた」という「感謝の気持ち」が語源となったといわれています。

毎日、一生懸命働けること。
毎日、ごはんを食べられること。
温かいお風呂に入れること。
温かい布団で、ぐっすり眠れること。
今日も、朝を迎えられたこと。
そして今日も、無事に一日を終えられたこと。

これらは、当たり前のようで、実はたいへん有り難いことです。

思い通りにならないからといって、すぐにイライラするのではなく、思い通りにならないことを耐え忍んでみて

【仏教の豆知識】

お釈迦様は、よりよく生きるために必要な六つの善を「六波羅蜜《ろくはらみつ》」として説かれました。

布施…親切
持戒《じかい》…言行一致
忍辱《にんにく》…忍耐
精進《しょうじん》…努力
禅定《ぜんじょう》…反省
智慧…修行

三つ目の「忍辱」とは、「悲しいことや辛いことがあっても、落ち込まないで頑張ること。物事の本質をしっかりと見て、時には困難も耐え忍ぶことが大切である」ということを意味しています。

ください。そして、当たり前に思えることに感謝をしてみてください。

そうすることで、今ある暮らしの有り難さに気が付くことができるのではないでしょうか。そして、日々、穏やかな気持ちで過ごすことができるのだと、わたしは思います。

唐で「密教」を学び、真言宗の開祖に。入定後、醍醐天皇より「弘法大師」の号を授かる

のちの弘法大師様は、七七四（宝亀五）年に讃岐の国（現在の香川県善通寺）で生まれました。俗名は佐伯眞魚といいます。たいへん勤勉な子ども時代を過ごし、十五歳になると高級官僚になるために長岡京に上り、十八歳で大学に入学します。その頃、吉野や葛城山で仏道修行をしている修行者に出会い、大きな影響を受け、「自身の進むべき道は仏教である」と確信したと伝えられています。その後、空海と名乗るようになったといいますが、この時期より入唐までの足取りは資料が少なく、断片的で不明な点が多いとされています。

八〇四（延暦二十三）年、三十一歳の時に唐に留学し、二年かけて真言宗の教えである「密教」を学ばれ、真言宗の開祖となりました。日本に帰国後は、亡くなる直前まで、その教えを分かりやすく広めることに尽力しました。また、日本で最初となる、民衆のための教育機関「綜芸種智院《しゅげいしゅちいん》」の建立や、満濃池《まんのういけ》（香川県にある日本最大の灌漑用のため池）の修築など、教育の普及や社会的事業にも取り組みました。

八三五（承和二）年、六十二歳の時、高野山において入定（真言密教の究極的な修行のひとつ。永遠の瞑想に入ること）。九二一（延喜二十一）年に、醍醐天皇（八八五～九三〇年）より弘法大師の大師号が贈られました。

第4章

「しょんぼりした時」に読みたい3つの法話

コミュニケーションは難しい

喪失感が癒えない

生まれてきた意味

コミュニケーションは難しい

【お悩み】

「すでにあるコミュニティに入るのが苦手です。地域によりルールも違うので、夫の転勤のたびに苦労しています」

（43歳／女性）

夫の仕事の関係で三年ごとに転勤があります。その都度、新しい環境で、子どもたちの学校のことなども含め、周囲との付き合いには大変苦労してきました。

すでにあるコミュニティの中で、後から来たわたしは、どのように振る舞えばよいのか、何度経験しても慣れることはありません。

どんなタイミングで話しかけたらいいのか？　今は忙しそう……などと考えているうちに逸してしまい、今日も話しかけられなかったことに落ち込みます。地域ごとにルールも違うので、戸惑うことも多いです。最近は、若い頃より一層、順応できなくなっているようです。どうしたら、臆することなく皆と仲良くなれるのでしょうか？

転勤で三年ごとに引越しを繰り返す日々……慣れてきた頃だけに、たいへんだと思います。わたしも、東京の高校から奈良の大学へ、奈良の大学から京都の修行道場へと、環境が変わった際、落ち込んだり、戸惑ったりしたことを思い出します。
初めて会う人と打ち解けるのは、難しいことです。【法話10】では、わたしが修行道場での一年間の修行を終えてすぐ、歩き遍路へ出た時のことを少しお話しさせてください。

【陽人和尚からの一言】

「小さくても構いません。相手との共通点を見つけてみてください」

相手の気持ちを慮るのは素敵なことですが、考え過ぎて身動きが取れなくなってしまっては、元も子もありません。

お互いに歩み寄らない限り、人は仲良くはなれません。難しく考えずに、相手との共通点を見つけ、話しかけてみてはいかがでしょうか。

共通点は小さくても構いません。ただ漠然と話しかけても、相手も戸惑ってしまい、会話は繋がりにくいものです。まずは、年齢や出身地、子どものことなどを話題にしてみるのもいいかもしれません。少し話が弾んだら、趣味や好きなものについても、触れてみてはいかがでしょうか。

一度、少人数で仲良くなれたら、少しずつ人数や機会を増やしていくとよいと思いますよ。いきなり皆と仲良くなりたいと考えると、ハードルが高くなってしまい、クリアする気も失せてしまうものです。

【法話10】

コミュニケーションとは、互いの歩み寄りから始まる

わたしは、大学卒業後に入山した醍醐寺の修行道場での一年を終えるとすぐに、四国へ歩き遍路に出ました。

四国遍路（コラム10「四国遍路」／181ページ参照）には八十八か所の霊場があり、別格二十霊場を合わせると百八か寺、つまり煩悩の数だけ霊場があります。歩き遍路は、文字通り、それを歩いて巡ります。

すべて歩いて巡るのに、わたしの場合は四十四日間かかりました。徳島から入って、高知、愛媛、香川と続くのですが、高知でのお遍路が、わたしにとって一番しんどく感じた時間でした。

それと同時に、たくさんの出会いがあった場所でもあり、かけがえのない時間でもあります。

＊＊＊

その日は、大雨が降っており、身も心も疲れ果てていました。

夕刻に差し掛かり、時間的にもその日の最後の札所となる、山の上のお寺で通夜堂をお借りできると聞いて、雨の中わたしは必死に山を登って行きました。

やっとの思いでお寺に着き、わたしは納経所の受付の方に、「すみません、通夜堂をお借りしたいのですが」と訊きました。すると、申し訳なさそ

【仏教の豆知識】

弘法大師様が修行をされた足跡をたどり、八十八か所の霊場を巡るのが「四国遍路」です。

四国には、お遍路さんが無料で泊まれる善根宿《ぜんこんやど》と呼ばれる宿や、お寺がお堂を休憩のために無料で貸してくれる通夜堂《つやどう》などがあります。

うに、「すみません、もう通夜堂の貸し出しはしてないのです」と断られました。

さて困った、と思って隣に目をやると、ずぶ濡れになりながら、わたしと同じように頭を抱えている若いお遍路さんを見つけました。日焼けした肌に、髪型はドレッドヘア、汚れた衣服を見て、野宿で巡っているお遍路さんだとすぐに分かりました。

わたしは、この雨の中、自分と同じようにお遍路をしている若者に出会った嬉しさから、ためらうことなく「どうされますか?」と、その方に尋ねていました。すると、その方も、ためらうことなく「下に屋根のある無人駅があったから、今日はそこで泊まろうと思う。良かったら君もどう?」と返してくれました。

好意的なその言葉に、わたしは「ご飯を持ってないのですけれど」と遠慮気味に打ち明けると、「分けてあげるよ」と今度は笑顔で返してくれました。すでにお参りを終えていた彼は、「先に降りているよ」と言って、わたしと別れました。

わたしもお参りを済ませ、ホッとした気分でしばらくの間、ポツンとお寺のベンチで休んでいると、先ほどのお寺の方が近付いてこられて「やっぱりうちで泊まっていきますか？」と言ってくださいました。わたしは僧侶の姿だったので、もしかしたら、お寺の方も安心して声をかけてくださったのかもしれません。

有り難いと思いつつも、わたしは「約束がありますので」と伝え、お寺

【仏教の豆知識】

仏教では、「分け与えること」を布施といいます。法話4「笑顔でいるために」(79ページ)で紹介した「無財の七施」のほかに、布施には、財施、法施、無畏施《むいせ》という3つの意味があります。

財施とは、人々に物やお金を惜しみなく分け与える心。

法施とは、仏の教えなどを惜しみなく人々に施す心。

無畏施とは、人々が悩み苦しみ、不安になっている時に相談にのり、善導してあげる心。

を後にしました。

小さな共通点が、異質なものを受け入れ易くする

無人駅まで下りていくと、彼が駅の柱に紐をくくり付け、いろいろな物を干していました。「いや〜バックの中、全滅。ビシャビシャ」といいながら、彼は水が滴り落ちる寝袋を指さしました。そしてすぐに、こう付け加えました。「いい感じの試練だ。こういうことの後には必ずいいことが起こるからね！」

彼のあまりにもポジティブな発言に、わたしは少し驚きました。

彼の名はりょう君。なんとわたしと同い年でした。

わたしとりょう君は、見た目や境遇は異なりますが、お遍路をしているということと、年齢が同じというだけで、お互いを自然と受け入れていました。

しばらくすると、りょう君は、トマトとピーマンを刻み、料理を始めまし

た。わたしもいっしょに料理を手伝いながら、わたしたちはお互いのことを話しました。

彼は親友を亡くし、供養のために遍路をしていました。友人の実家が徳島にあるので、香川県の八十八番からスタートし、徳島県の一番を目指す逆打ち（お遍路を霊場の順番とは逆に回ること）で回っていたのです。朱印を押してもらった白衣《おいずる》（巡礼時に着る白い衣のこと。「笈摺」とも書く）を、親友のご両親に届けるために歩いているのだと教えてくれました。

順打ち（お遍路を霊場の順番に回ること）のわたしと、逆打ちのりょう君が、たまたま同じお寺で出会えたことにご縁を感じました。

そして料理が完成しました。りょう君の愛がこもったパスタができあがりました。トマトが本当においしかったことを覚えています。

わたしたちは、その後も、無人駅の電気が消える夜の十二時まで、お互いの夢などを語り合いました。

今、相手と過ごすこの瞬間を何よりも大切にする

朝起きると、雨もすっかり上がっていました。すがすがしい風が吹き抜ける中、りょう君は、トマトの味噌汁を作ってくれていました。

わたしたちは、味噌汁をすすりながら、今日一日の予定などを、あれこれと話しました。

そして、別れの時がきました。順打ちのわたしと逆打ちのりょう君は、反対方向へ出発します。

「連絡先教えてくれない？」とわたしが訊くと、りょう君は、「なんか、また会う気がするから、あえて連絡先は言わないわ。それで再会できたらすごいじゃん」そう言って、わたしを見送ってくれました。

様々な境遇の人たちと、お互いを認め合いながら同じ時間を共有するお遍路

の旅。
すごく仲良くなったり、深い話をしたりしても、別れる時は「またご縁があれば……」と別れる。だからこそ、その出会いを、その瞬間を大切に思えるのかもしれません。

＊＊＊

あれから九年。りょう君とは再会できていません。

りょう君とわたし。お遍路を通して、見た目も境遇も異なるふたりが同じ時間を共有し、お互いの人生観を語り合えたこの出来事は、まさに「一期

【仏教の豆知識】

仏教の説く真理「諸行無常」を別の言葉であらわしたものが、茶道の世界でいう「一期一会」といえるでしょう。

一期一会の一期とは人間の一生のことで、一会とは一回だけ会うという意味ですので、「このお客様には一生の間に一度だけしかお会いできないのだと思って、誠心誠意、一生懸命にお茶を点ててさしあげなさい」という意味です。

今、相手と過ごすこの瞬間を大切にする、そのような思いが、この「一期一会」の言葉から感じられます。

一会」といえるでしょう。

お遍路さんの出会いと別れ。一期一会を感得できる人と人との距離感が、わたしは大好きです。

コラム
10
【四国遍路】

四国の人々にとって、お接待とは、弘法大師様をもてなすこと

四国遍路とは、弘法大師様の足跡をたどり、八十八か所の霊場を巡拝することです。全行程は、約一四六〇km（三六五里）。徳島から始まり、高知、愛媛を経由、香川へと続きます。歩き遍路とは、これらをすべて歩いて回ります。遍路修行では、各札所のご本尊様（本堂または金堂）と弘法大師様（大師堂）にお経（読経、写経等）を奉納します。

巡拝は、一番から札所の順番に巡っても、その反対の八十八番から巡っても良いとされます。反対に巡ることを「逆打ち」といい、「順打ち」の三回分のご利益があると言われます。宿泊や食べ物などは、寺や地元の人々にお接待をいただきます。わたしも、お遍路をしていた当時は、四国の方々から、食べ物、飲み物、寝る場所など、様々な形でお接待をいただきました。たいへん有り難い経験です。

また、四国の人々にとって、お接待とは、弘法大師様をもてなすことと同じでもあります。「同行二《どうぎょうに》人《にん》」、つまり、お遍路さんは弘法大師様と一緒に旅をしているのだから、お遍路さんをもてなすことは、弘法大師様をもてなすことと同じという考え方です。お接待には、「功徳を積む」という考え方や、「自分の代わりにお参りをしてもらう」という意味も込められています。

喪失感が癒えない

【お悩み】

「数日前に愛猫に先立たれ、友人がものすごく落ち込んでいます。以前の明るい彼女に戻ってほしいです」

（48歳／女性）

友人が、二十年間飼っていた愛猫に先立たれ、このところずっと落ち込んでいます。食事や遊びに誘っても、まったく乗り気ではありません。笑うこともなくなり、表情無く過ごすようになりました。わたしも以前、ペットロスになった経験があり、友人の辛い気持ちが理解できます。

もとは明るい性格で、笑顔がチャーミングな女性でした。またそのような状態に戻ってもらうにはどうしたらよいでしょうか？　悲しそうにしている彼女を見ると、最近は、わたしまで悲しくなってしまいます。

ご友人の方は、愛猫の死と向き合い、きっと悲しい思いをされていることでしょう。優しく寄り添っておられるあなたの気持ちに、ご友人も感謝されておられると思います。どうぞ引き続き寄り添ってあげてください。

「人生にはどうすることもできない」こともあります。【法話11】では、仏教的な視点から、「あきらめることの大切さ」について、少しお話しさせてください。

【陽人和尚からの一言】

「悲しみが癒えるまでには時間がかかるかもしれません。そっと、寄り添ってあげてください」

仏教における四苦（生苦・老苦・病苦・死苦）のように、人生には、いくら頑張っても避けられない苦しみがあります。「一切皆苦」、自分ではどうしようもないことが起きるのが、人生です。

そんな時は、辛いとは思いますが、あきらめるしか方法はありません。そういうと、なんだか暗くなってしまいますが、「諦める」と考えるのではなく、「明らめる」＝「物事の事情・理由を明らかにする」と考えるのです。事実を受け止め、今できることをするのです。

あなたは、お友達が事実を受け止められるまで、そっと寄り添ってあげてください。同じ経験をしたことのあるあなたなら、お友達の気持ちを汲み取り、そっと寄り添ってあげられるはずです。

時間はかかると思いますが、相手に寄り添うことで、その思いは必ず相手に伝わり、最終的に相手も自分も救われます。

【法話11】

「悲しみを受け止める」には、時間がかかってしまうもの

昔からお遍路をされる方は、皆何かしらの悲しみや苦しみを抱えながら、一心に歩いておられる方が多いのではないでしょうか。

親しい人との死別、病気、障害、災害、戦争……。人生には、自分の力ではどうすることもできない悲しみや苦しみが、たくさんあります。

わたしがお遍路で高知を歩いている時、遍路道沿いに建つ家のおばあさんに、お接待をいただいたことがありました。七十歳過ぎの優しそうなおばあさんは、「お遍路さん、お昼ごはん食べていって」と、笑顔でわたしに声をかけてくださいました。

おばあさんは、お遍路さんが家の前を通るたびに、何かしらのお接待をされていることや、弘法大師様を深く信仰していることなどを、柔らかな口調で語りかけるようにわたしに話してくれました。

そして毎朝欠かさず、般若心経百巻（回）を、お唱えしていると教えてくれました。

ベテランの僧侶でも般若心経を百巻唱え終えるには、一時間はかかります。わたしはおばあさんの、熱心さにたいへん驚かされました。

おばあさんは、一年前に病気で娘さんを亡くされたそうです。

【仏教の豆知識】

弘法大師様は、般若心経について、「誦持講供《じゅじこうく》すれば苦を抜き楽を与え、修習思惟《しゅじゅうしゆい》すれば道を得、通をおこす」とおっしゃっています。

これは、「般若心経一巻を写経すると、一切の苦厄が去り、心身ともに健康になる。そして、周囲の人までが幸せを受ける」という意味です。また、般若心経は「生死の海を渡すいかだ」とも言われています。

しばらくの間ふさぎ込んでばかりいたそうですが、娘さんの死と向き合い、毎日欠かすことなく般若心経を唱え続けるうちに、少しずつ、少しずつ現実を受け止められるようになっていったといいます。

わたしは、おばあさんに対して、何もお返しできるものがないので、せめて「お仏壇でお経をあげさせてください」とお願いしました。

わたしが読経を終えると、おばあさんは、涙を流しておられました。

【仏教の豆知識】

「病に応じて薬を投じ、迷を悲しみて指南す」。これは、弘法大師様の言葉です。「病によって、それぞれに効く薬を与え、迷うものにはこれを悲しんで、進むべき道を導くべきである」と説かれました。つまり、「『必要な人に必要なものを与えること』。このことこそが救いであり、苦しむ人たちに寄り添い、ともに苦しむことこそが大切」であると説かれました。

ひとつのお接待には、相手に寄り添いながら「大変だね」「お気の毒に」「頑張って」という思いを、ともに感じとるという意味もあります。相手に寄り添うお接待は、お遍路さんに生きる力を与えます。

そうやって、お遍路さんは一歩ずつ、一歩ずつ歩みを進め、ようやく長い旅が終わるころ、達成感とともに旅の途中にいただいた、たくさんの御恩を思い出すのです。

そして、その御恩に報いるために、また生きていこうと思えてくるのだと思います。

「どうにもできないこともある」
それが人生。けれど……

わたしたちが、相手に手を差し伸べる際に、気を付けなければならないのは、「自分本位になってはいけない」ということです。

お釈迦様は、自分本位にならないために、ひとつの教えを説いておられます。

経典『ダンマパダ』（『スッタニパータ』よりも一段階新しい経典。法句経ともいう）に、次のような法話があります。聞いたことがあるという方も、いるかもしれません。

ある母親が、よちよち歩きができるようになったばかりのひとり息子を突然の病で失い、悲しみに打ちひしがれてしまいます。

彼女は息子を生き返らせてほしいとお釈迦様のもとを訪ねます。それに対し、お釈迦様は次のようにおっしゃいました。

家々をまわって、けしの実をもらって来なさい。

ただし、これまで一度も死人を出したことのない家のけしの実でなくてはいけない。

それをもらってわたしのところに持ってきなさい。けしの実で薬を作り息子を生き返らせましょう。

母親はその言葉を聞いて、必死に家々をまわりました。しかし、死人を出したことのない家など一軒もありませんでした。中には、自分と同じように子どもを失った人や、自分よりもっと辛い思いをした人にも出会いました。

様々な人と出会ううちに、母親は大切な人を喪う悲しみは自分ひとりだけのものではないと気が付きます。

生きとし生けるものは死をまぬがれることはできない。その理を知り、少しずつ息子の死を受容していきました。

この法話は、相手に寄り添う心の大切さを教えてくれています。

もしもお釈迦様が、母親に対し、最初に「人は皆死ぬ」という理だけを、そのまま言葉で伝えていたとしたら、どうなったでしょう。悲しみのどん底にいる母親には、その言葉の真意は届かなかったでしょう。

お釈迦様は、相手に寄り添い、相手が自ら理に気が付き、悲しみと向き合えるように導かれたのです。そっと寄り添いながら、その時、母親に一番必要な道筋を示されました。

【仏教の豆知識】

弘法大師様は、「自利利他」という教えを説いておられます。

「利他」とは、「他人のために行動する」ということです。「自利」とは、それが「自分のものとなる」ということです。

つまり、「相手の幸せを思いながらかけた言葉や行動は、必ず、あなた自身に思いやりとなって返ってくる」という意味です。

十人いれば悲しみ、苦しみはそれぞれ違い、悲しみ、苦しみとの向き合い方もまた十通り、いやそれ以上あるかもしれません。

悲しみ、苦しみを抱えた相手に出会ったら、一人ひとりに合った解きほぐし方を、一緒に模索しながら、どうぞそっと寄り添ってあげてください。

相手に手を差し伸べることで、自分にも余裕がもたらされる

お遍路では、「いつも弘法大師様が共に歩いてくださっている」という「同行二人」という教えと、もうひとつ「出会う人皆が、あなたにとっての弘法大師様だと思いなさい」という大切な教えがあります。

お遍路さんにとって、お接待をくださる方は弘法大師様であり、お接待をくださる方にとって、お遍路さんは弘法大師様なのです。

お互いが、お互いの中に抱えている悲しみ、苦しみに寄り添う、心と心で通じ合う、それがお遍路の真髄ではないかと思います。

人に対して手を差し伸べる。自分に余裕がない時こそ、感謝の心をもって、相手に手を差し伸べることで、不思議と自分にも余裕が生まれくるものです。

そのように考え実践すれば、きっと生きるべき正しい道が見えてくるのではないでしょうか。

コラム
11
【須磨寺1】

「須磨のお大師さん」として、平安時代より親しまれてきた

わたしが副住職を務める『須磨寺』（正式名は福祥寺）は、古くから「須磨のお大師さん」の名で親しまれ、この地域での弘法大師信仰の中心的な霊場でした。その歴史は大変古く、西暦八八六（仁和二）年、平安時代からと伝えられていますが、度重なる天災人災により資料のほとんどが消失してしまっています。

歴代住職が書き継いだ当山歴代には、本尊聖観世音菩薩は一一六九（嘉応元）年に源頼政が安置したとあります。また、本堂は一六〇二（慶長七）年に豊臣秀頼により再建されました。本堂の「宮殿《くうでん》」（写真）という仏壇は、約六百年前のものとされています。

真言宗須磨寺派大本山『須磨寺』
住所：兵庫県神戸市須磨区須磨寺町 4-6-8
電話：078-731-0416
拝観時間：8：30 ～ 17：00
交通：山陽電鉄 須磨寺駅 徒歩 5 分／
JR 須磨駅 徒歩 12 分

生まれてきた意味

【お悩み】

「死を意識するようになり、何のために生まれてきたのか？最近よく考えるようになりました」

（50歳／女性）

わたしは今年で五十歳となります。不満のない毎日を送っていますが、最近、漠然と死ぬとどうなるのかと考える機会が増えました。二十三歳の時、父を病気で亡くしていますが、その頃はまだ、死について深く考えはしませんでした。ただ、父が亡くなった五十三歳が近付くにつれ、だんだんと意識するようになりました。

死を意識するようになってからというもの、「自分が何のために生まれてきたのか」頻繁に考えるようになりました。仕事や家庭も順調だとは思うのですが、何か大きなことを成し得たわけでもありません。わたしが生きてきたことに意味はあるのでしょうか？

病気や怪我、近い人の死、加えて有名人の死など、何かがきっかけとなり、生と死についてあらためて思いを巡らすことがあります。しかし、「何のために生まれてきたのか」「死んだらどうなるのか」という問いに対する答えは、どんなに経験豊かな人でも、なかなか出せるものではありません。

最後の【法話12】では、仏教的な視点から「生」と「死」について、少しお話しさせてください。

【陽人和尚からの一言】

「何のために生まれてきたのか……。その答えは、丁寧に生きることから見えてくるかもしれません」

「何のために生まれてきたのか」とは、たいへん難しい問いです。誰しも、何かがきっかけとなり、「生」と「死」について、考える瞬間があると思います。

お釈迦様は、「人は何のために生まれてきたのか」という問いには、「無記」と答えています。答えようがないということです。ただ、「どのように生きてきたか」ということが重要で、答えというものは、後からついてくるものだと、わたしは思います。

まずは、生まれてきたことに感謝し、自分を見守ってくれる人たちに感謝しながら、今を見つめ、今できることを全力でこなしながら、誠実に生きていくことが大切なのではないでしょうか。

「何のために生まれてきたのか」。その答えは、丁寧に生きることから見えてくるかもしれません。

【法話12】

「死」を意識した瞬間、「生」が輝き出す

皆さんも、これまでに一度は、「死」というものについて考えたことがあるのではないでしょうか。

わたしも幼い頃、「死ぬとどうなるのだろう」と考え、恐怖に苛まれたことが何度もあります。

九歳の頃、須磨寺の前住職である祖父が亡くなり、身近に死を体験したことも大きいかもしれません。もう二度と会えなくなると考えると、寂しさや悲しみと同時に、「死」というものが良く理解できず、恐怖を感じたことを思い出します。

「死について考える」とは、非常に難しいことです。

なぜなら、「死」とはどういうことか、答えはひとつではなく、皆に共通する明確な答えがないからです。

「死」そのものは客観だとしても、人が「死」を考えた瞬間から、「死」は主観になります。

つまり、人の数だけ「死」があるとわたしは思います。

人は生まれてきたからには、必ず死を迎えます。


【仏教の豆知識】


「生まれ生まれ生まれ生まれて、生の始めに冥《くら》く　死に死に死に死んで、死の終わりに冥《くら》し」。これは弘法大師様の言葉です。

「人は何度生き死にを繰り返しても、なぜ生まれるのか、なぜ死ぬのか、その意味を知らない。迷いの世界を彷徨う人は、自分が迷っていることに気が付かない。自分の見ているものがすべてだと思い、生きる本当の意味は見えてこない」という意味です。

生きること、死ぬこと、それぞれに向き合うことの大切さを教えてくださっています。

わたしたちは、やがて必ず訪れる死に向かって生きているのです。

わたしたちは、例外なく皆、死ぬのです。

誰しも元気なうちは、死への切迫感がなく、お釈迦様の声は届きません。

自分の前に、突然、死が立ちはだかった時、初めてその苦しみが身に迫ってくるのではないでしょうか。

そして、「死」を意識した瞬間、「生」というものが輝き出すということがあると、わたしは思います。

朝、目が覚め、ごはんをいただき、誰かと話をする。

それらはすべて、「当たり前のこと」でなく、「有り難いこと」なのだと気が付くことができれば、生きていることに、もっともっと感謝することができ、真剣になれるはずです。

今この一瞬を大切に感じることができるはずです。
わたしたちは、誰ひとりとして、自分の力だけで大きくなった人などいません。わたしたちは、誰ひとりとして、自分の力だけで生きている人などいません。自分では気が付かないうちに、多くに支えられて生きているのです。
わたしたちは皆、これまで多くの人の助けによって、ここまで歩んできたのです。

そのことに気が付くことができれば、常に感謝の気持ちを持って、一瞬一瞬を真剣に生きていけるのではないでしょうか。

【仏教の豆知識】

お釈迦様は、「生」について、次のように説かれました。「生きることとは苦である。その苦しみを自覚せよ。それが悟り（生きること）への第一歩となる」。
つまり、「生きるということは、苦しみを噛みしめることです。誰しも老い、病にかかり、必ず死ぬのです。そのことから逃げずに、向き合いなさい」とおっしゃっておられるのです。

壁にぶつかったら教えを道標に自分で考える

お釈迦様は三十五歳で悟りを開かれてから、四十五年間インド各地を旅しながら、たくさんの人々に教えを説きました。八十歳になり、身体も弱り、先が長くないことを感じた時、インドの北東に位置する霊鷲山《りょうじゅせん》から、故郷であるカピラバストゥに向かって旅することを決意します。経典『マハーパリニッバーナ・スッタンタ』（南伝仏教の長部に収録されたパーリ語の経典。大般涅槃経ともいう）に記されています。その道のりは、六百キロメートル以上にも及びました。この旅の間も、お釈迦様は、各地で悩める人々に教えを説きながら歩まれました。

途中にあるパーパーという町に着いた時、チュンダという鍛冶屋にキノコ料理の供養を受け、教えを説かれたそうです。しかし、そのキノコ料理が原因で食中毒になり、お釈迦様の死期を早めることとなってしまいました。

そんな状況にあって、お釈迦様はチュンダを思いやり、次の言葉をかけたといいます。

「チュンダは、わたしに最後の食べ物を施したのだから、大いに功徳があるのだ」。

激しい腹痛に見舞われながらも、お釈迦様は旅を続け、道半ば、とうとうクシナガラ（インドの二大中心地で、西の中心とされた）の沙羅双樹の木の下で横になります。お釈迦様は、涅槃《ねはん》（入滅、つまりお釈迦様の死を意味する）に入る直前に、弟子たちに次のように伝えました。

「この世の中はうつろいやすいもの

【仏教の豆知識】

お釈迦様が腹痛に見舞われ、クシナガラの沙羅双樹の木の下で横になられた際、「北の方角にあった故郷に足を向けては寝られない」ということで、北側に頭を向け横になられます。

これが、現在の北枕の風習の由来となっているといわれています。

だ。お前たちは、怠ることなく日々、精進し、努力しなければならない」。これがお釈迦様の遺言でした。「諸行無常」という真理から導かれる教えであり、亡くなる間際にあって、最も伝えたかったことだったのです。

この言葉を聞いたお弟子さんたちは、お釈迦様に問いかけます。

「お釈迦様が亡くなられたら、わたしたちは誰に相談し、何を頼りにして生きていけばよいのでしょう」。

お釈迦様は答えます。

「お前たちは、わたしを頼りにしてはいけない。わたしの亡き後は、闇夜における灯明のように、お前たち自身を頼りにしなければいけない。同時に、わたしが説いてきた真理、つまり『法を灯明として』頼りにしなければならない」。

この言葉が、仏教の「自灯明法灯明」という教えとなっています。

「自分」と「教え」頼るべきものがふたつあったことに、大きな意味があったのだと思います。

もし、頼るべきものがお釈迦様の「教え」のみであったなら、お釈迦様の言葉のみが重要となり、「それさえ守ればよい」という考えとなってしまいます。そうではなく「教えを理解しつつも、自分で考えること」が、なにより大切であると、お釈迦様はおっしゃっておられるのです。

これは、わたしたちの人生にも置き換えられる考え方です。

「壁にぶつかったら、学校や親から学んだ教えを道標に、自分で考え正しい答えを導き出す」ということです。

【仏教の豆知識】

「自灯明法灯明」とは、お釈迦様の最後の言葉とされます。

「自灯明」とは、「自らに自尊心を持ち、自らに知恵を付け、自らの人生に責任を持って生きていく」という意味です。「法灯明」とは、「お釈迦様の教え」という意味です。

つまり、「自らの人生なのだから、自らを拠り所とし、自ら判断すべきである。しかし、迷った時は、仏の教えを拠り所としなさい」という意味です。

お釈迦様が「自灯明」という言葉を残されたことで、仏教は「お釈迦様の偉大なる教えを知るだけではなく、自分で考え実践することこそが大切である」という教えになっていきました。

お釈迦様は、「苦しみや悩みにぶつかった時に、わたしという人物にすがり、『助けてください』と頼むのではなく、わたしが説いてきた教えを道標としながら、自分自身で考え行動することこそが重要なのだ」とおっしゃっておられるのです。

人は自分で考えを巡らすことをしなくなると、生きていることの有り難みを感じられなくなっていきます。

情報が錯綜する現代社会では、何を信じ、どう行動するのか、分からなくなってしまうこともあるかもしれませ

【仏教の豆知識】

「道は自ずから弘《ひろ》まらず、弘むること必ず人による」。これは、弘法大師様の言葉です。

ん。そんな時、お釈迦様の教えが、わたしたちの拠り所となる瞬間が、きっとあるはずです。

お釈迦様は、わたしたちが生きるうえで役に立つ、たくさんの有り難い教えを残されました。

お釈迦様が残されたこの有り難い教えを、日々の法話を通して、分かりやすく、皆様に伝え続けていきたいと、わたしは思います。できるだけ分かりやすく、皆様の身近にある出来事に重ね合わせながら。

「道は誰も通らなければ雑草が生え、見えなくなってしまう。道が見えなくなってしまえば、わたしたちは踏み惑い、目的地までたどりつくことはできない」という意味です。そして、これは、「仏教の教えが、拠り所として、今わたしたちの目の前にあるのも、そこを歩き、道標を立て、その道を広めてくれた、数え切れないほどの先人たちがいたからである」ということを意味しています。

そして、その道は、歩いてこそ意味があります。「自らの頭で考えながら先人たちが作ってきた道を歩き、実践し続けることこそが大切である」ということを説いているのです。

コラム
12

【須磨寺2】

源平合戦のクライマックスとなった、「一ノ谷の戦い」の舞台

一一八四（寿永3）年に起こった「一ノ谷の戦い」の舞台になったことで、須磨寺の名は多くの人に知られるようになりました。『平家物語』にも記されるこの戦いで、須磨寺は源氏の大将である源義経の陣地であったと伝えられています。海と山に囲まれた地形を利用し、海側に陣を構えた平家の裏をかき、義経は山から馬で駆け下り、逆落としの奇襲をかけ勝利したと言われています。戦死した平敦盛（清盛の甥）の遺品や、敦盛の首塚、敦盛首洗いの池、源義経腰掛けの松などの史跡が今も境内に遺されています。

また、昔から源平を偲んで訪れる文人も多く、松尾芭蕉や正岡子規などの句碑も建てられています。

無官の太夫と称された平敦盛の首塚

敦盛首洗いの池

義経腰掛けの松

おわりに

人生、いつも、いつまでも健康でハツラツと生きたいと願う人は多いと思います。しかし、そのように明るい時間ばかりではないのもまた人生です。物事がうまく行かず、塞ぎ込んでしまうこともあるかもしれません。疲れきってしまって、不調を感じることもあるかもしれません。

しかし、そんな時は、「不調」が「病」に変わる前に、休息をとりたいものです。

わたしが修行道場での一年を終え訪れた四国遍路では、人生には山や谷があるということを教えてもらいました。

自分自身と向き合い、様々な人々と出会う中で、たくさんのことを学び教えてもらいました。

＊＊＊

四国遍路では、あまり天候に恵まれず、しばしば雨に降られることがありました。高知の青龍寺（第三十六番札所）を訪れた際も、これまた、あいにくの雨でした。

青龍寺は、大相撲の元横綱・朝青龍が高校時代に体を鍛えたという、一七〇段もの急な石の階段があることから、ご存知の方も多いかもしれません。

お遍路も二十日ほどが過ぎたある日。この日は、明け方から降り出した雨はひどくなる一方でした。悪天候と長旅のせいもあって、わたしは、ひどく疲れきっていました。

お遍路は天候に大きく左右される旅でもあります。自分の意志とは無関係に、激しい雨や風に見舞われては、前に進むことができません。

時には、体調を崩してしまうこともあります。正直やめてしまいたくなることもありました。

しかし、そんな時は無理をせず、わたしは、早め早めに休息をとることにしていました。不調を感じたら、悪化する前に早めに立ち止まり、休息の時間にあてるのです。

今日進めなかった分も含め、これからどう進むのか、考える時間も必要です。じっくり、俯瞰して自分自身の歩いてきた道のりを、これから歩く道のりを見つめる時間にするのです。それは、とても大切な時間です。

雨の日は休んで、晴れの日に進めばいい。人生も同じだとわたしは思います。振り返れば、わたしたちは毎日せわしなく暮らしているのではないのでしょうか。「せかせかせずに、今日は休もう」「また、晴れた日に進もう」。それでいいのではないかと思います。

＊＊＊

雨が激しくなる中、青龍寺を目指ししばらく歩くと、東屋のようなバス停が目に入りました。少し休ませてもらおうと中に入ると、先にひとりのお遍路さんが寝袋にくるまって眠っていました。

寝袋にくるまっていたおじさんは、わたしの気配に気が付き、むっくりと起き上がり、「まあ入れ、ゆっくりしていき」と、まるで自分の家のように招き入れてくれました。

わたしは挨拶も兼ねて、おじさんに「何日目ですか」と尋ねました。すると、おじさんは「二日目になるな」と言いました。三十六番目の札所である青龍寺で、二日目というのは、歩き遍路ではありえないので、わたしは不思議に思いました。

そこで、「区切り打ち（八十八か所の札所を何回かに分けて廻ること。一気にまわることを「通し打ち」という）ですか」と尋ねると、おじさんはきょとんとした顔をして、「いやいや、ここに野宿して二日目になるんだ。わしは、この生活を続け二十年になる」と答えました。

わたしは、ここでやっと、この方はお遍路しているのではないことに気が付きました。

そして、せっかくのご縁ですので、しばらくの間、この方とお話しをして過ごすことにしました。


わたしは、「二十年間何をして過ごしているのですか」と尋ねると、「わしは二十年間、旅をして暮らしておる。わしは修験者だ」というんですね。「何のために旅をしているんですか」と尋ねると、「人助けじゃ」と。「あのな、こういうところで、二日も三日も野宿してみなさい。前を通る人が、ああ、まだおるわと思いながらわしを見おる。子連れの親は、わたしを指して、『あんたもああなりたくなかったら、しっかり勉強せえよ』と、それを受け子どもは『ああはなりたくない』と思って、一生懸命勉強するようになる。これが人助けじゃ」と言うんですね。

一見、かたよった独自の解釈で自由気ままに生きているように思えたおじさんですが、まわりからの目や意見を受け止め、俯瞰して自分自身を見ていることに、なぜかひどく納得しているわたしがいました。

なるほど、野宿するだけで、人助けができるのだ、と。

この方の話は、少し極端かもしれませんが、俯瞰して物事を見ることの大切さと、物事を角度を変えて見てみると、違う一面が見てくることを教えてもらった気がしました。

＊＊＊

ほかにもいくつか話を聞かせてくれたおじさんは、話の最後を、必ず、「シンプルじゃろ」という言葉で締めくくっていたのが印象的でした。「あんた、今日は雨やろ、休んだほうがええ。雨の日は休む、晴れの日は進む、シンプルじゃろ」といった具合に。

おじさんと会話をするうちに、そのポジティブでシンプルな考え方に、わたしも少しずつ元気になっていくのを感じました。

「よし、休憩は終わりにして、もう一度歩こう！」そう思って立ちあがた時、おじさんは、わたしに最後の言葉をかけてくれました。

「おにいちゃん、これだけは覚えておけ、生きているだけで十分や。シンプルじゃろ」と。

なにげなく掛けられた言葉でしたが、わたしの心の深くにまで響きました。そして、道中で困難に見舞われるたびに、この言葉を何度も思い出し、噛みしめました。そう、生きているだけで価値がある。これは、いつまでもお覚えておかなければならない言葉です。

守りたいものが多くなったり、人間関係のしがらみで疲れてしまったり、生きていればいろんなことがあります。

重責に押しつぶされ、自分が拠り所としているものを失った時、人は自分の存在を全否定してしまうことがあるかもしれません。居場所を失った時、人は生きている意味がないように感じてしまうことがあるかもしれません。

ですが、さきほどのおじさんのように、生きているだけで、誰かの役に立つことがある。きっとあるのです。

こだわりを捨て、違う角度から物事を見てみることが大切です。

仏教の智慧を知ることは、物事を違う角度から見ることの大切さを、きっと教えてくれるはずです。

もし悩みを抱えているならば、どうぞ一度深呼吸をして、物事を俯瞰して見てください。違う角度から見ると、違って見えることに気が付くのではないでしょうか。

＊＊＊

本書は、編集担当の青木真理さんが、わたしのＹｏｕＴｕｂｅ動画を見てくださったことがきっかけで、生まれました。丁寧に本書を編集くださったことに、感謝申し上げます。

そして、最後まで本書をお読みくださった皆様にも、心から感謝申し上げます。どうもありがとうございました。

皆様とのご縁を大切に、これからもより一層、精進して参りたいと思います。

須磨寺副住職　小池陽人

本書に掲載の法話は、YouTube「小池陽人の随想録」にアップされている法話に、加筆・修正をしたものです(あいうえお順に掲載)。そのほか、一部、書き下ろしの文章もあります。

「生きているだけで十分」　２０１８年10月31日アップ
「上手くいかない時こそ」　２０１７年10月18日アップ
「お蔭様という言葉の意味を考える」　２０１８年1月31日アップ
「お施餓鬼法要とは」　２０１７年8月22日アップ
「お彼岸の時に考える　六波羅蜜」　２０１７年9月27日アップ
「思い通りにならない、それが人生」　２０１７年10月4日アップ
「外相整えば内相自ずから熟す」　２０１９年1月16日アップ
「寛容になること」　２０１９年8月14日アップ
「後悔との向き合い方」　２０１９年3月13日アップ
「五観の偈」　２０１８年3月28日アップ
「言葉の大切さ」　２０１８年8月22日アップ
「慚愧と懺悔　六根清浄」　２０１７年10月11日アップ
「死について考えてみる」　２０１８年3月14日アップ
「自分の軸をつくるために」　２０１８年2月28日アップ

「自分らしさの呪縛」　２０１８年11月14日アップ
「自灯明法灯明」　２０１８年1月17日アップ
「小欲から大欲へ」　２０１７年6月30日アップ
「諸行無常と諸法無我」　２０１８年9月19日アップ
「世間的価値観を問う」　２０１８年9月5日アップ
「多様性」　２０１８年5月9日アップ
「手放すことの大切さ」　２０１７年8月22日アップ
「智慧と慈悲」　２０１８年10月17日アップ
「天上天下唯我独尊 お釈迦様お誕生の時」　２０１８年6月6日アップ
「否定しない。無条件に相手を受け入れる。」　２０１９年9月25日アップ
「人と比べて落ち込んだ時に」　２０１９年2月13日アップ
「方便とは、さとりへの道筋と知る」　２０１７年11月8日アップ
「魅力的な人」　２０１９年2月27日アップ
「無財の七施」　２０１８年4月25日アップ
「許すことの大切さ」　２０１８年5月23日アップ
「欲望を味方に」　２０１９年6月5日アップ
「りょう君　あの日の出会い」　２０１９年5月22日アップ

参考文献

『がんばれ仏教！　お寺ルネッサンスの時代』ＮＨＫブックス（ＮＨＫ出版）　著者●上田紀行
『村上さんのところ』（新潮社）　著者●村上春樹
『法隆寺を支えた木』ＮＨＫブックス（ＮＨＫ出版）　著者●西岡常一、小原二郎
『岩波　仏教辞典　第二版』（岩波書店）　編者●中村元、福永光司、田村芳朗、今野達、末木文美士
『ブッダの真理のことば　感興のことば』岩波文庫（岩波書店）　訳●中村元
『ブッダのことば　スッタニパータ』岩波文庫（岩波書店）　訳●中村元
『ブッダ最後の旅　大パリニッバーナ経』岩波文庫（岩波書店）　訳●中村元
『注文をまちがえる料理店』（あさ出版）　著者●小国士朗
『注文をまちがえる料理店のつくりかた』（方丈社）　著者●小国士朗
『寺よ、変われ』岩波新書（岩波書店）　著者●高橋卓志
『生きて、逝くヒント』（ＣＣＣメディアハウス）　著者●高田好胤

著者

小池 陽人 こいけ ようにん

大本山『須磨寺』(兵庫県神戸市)寺務長、副住職。1986年生まれ。東京都八王子市出身。高校までは公務員の父の元、八王子で過ごす。2008年に奈良県立大学を卒業後、『醍醐寺』(京都府京都市)の修行道場「伝法学院」に入山。四国八十八か所歩き遍路や『清荒神清澄寺』(兵庫県宝塚市)などで修行後、2011年に叔父が貫主を務める『須磨寺』に入寺し、現在に至る。

2017年6月より、YouTubeで『須磨寺小池陽人の随想録』を開設し、2週間に一度、法話を配信している。
2017年9月より、『須磨寺テレホン法話』で、3分間の法話を毎月更新している。
須磨寺テレホン法話：
TEL 078-732-5800
仏教の教えを伝え続けている。

日常《にちじょう》の「イライラ」や「もやもや」を鎮《しず》めてくれる
しんどい心《こころ》の処《しょ》方《ほう》箋《せん》

2020年3月10日　第1刷発行
2022年4月20日　第2刷発行

著者　小池陽人
発行者　富澤凡子
発行所　柏書房株式会社
〒113-0033　東京都文京区本郷2-15-13
電話（03）3830-1891［営業］
（03）3830-1894［編集］
装丁　草薙伸行●Planet Plan Design Works
DTP　蛭田典子●Planet Plan Design Works
イラスト　丸山一葉
印刷　萩原印刷株式会社
製本　株式会社ブックアート

ISBN978-4-7601-5220-9　C0011
落丁・乱丁本はお取り替えいたします。